EL LIBRO DEFINITIVO DE COCINA BBQ A LA PARRILLA

Más de 100 recetas para obtener resultados deliciosos de su parrilla en todo momento

Estena Ferrano

© COPYRIGHT 2022 TODOS LOS DERECHOS RESERVADOS

Este documento está orientado a proporcionar información exacta y confiable sobre el tema y el tema tratado. La publicación se vende con la idea de que el editor no está obligado a prestar servicios de contabilidad, autorizados oficialmente o calificados de otro modo. Si es necesario un consejo, legal o profesional, se debe solicitar a una persona con práctica en la profesión.

De ninguna manera es legal reproducir, duplicar o transmitir cualquier parte de este documento en medios electrónicos o en formato impreso. La grabación de esta publicación está estrictamente prohibida y no se permite el almacenamiento de este documento a menos que se cuente con el permiso por escrito del editor. Reservados todos los derechos.

Descargo de responsabilidad de advertencia, la información contenida en este libro es verdadera y completa a nuestro leal saber y entender. Toda recomendación se hace sin garantía por parte del autor o la publicación de la historia. El autor y el editor renuncian y asumen responsabilidad en relación con el uso de esta información.

Tabla de contenido

INTRODUCCIÓN 9

RECETAS VEGETARIANAS 11

1. Feta a la parrilla 11
2. Zanahorias asadas 13
3. Focaccia a la plancha 15
4. Patatas al limón a la plancha 17
5. Tomates cuscús a la plancha 19
6. Espárragos verdes a la plancha con salsa de limón 21
7. Brochetas de tomate y queso a la plancha 23
8. Hongos ostra a la parrilla 25
9. Tomates a la hierba a la plancha 27
10. Champiñones rellenos de queso feta a la plancha . 29
11. Ratatouille de verduras asadas 31
12. Calabacín frito en aceite de oliva 33
13. Alcachofas a la plancha con mayonesa de wasabi . 35
14. Piña asada con caramelo salado y totopos 37
15. Champiñones rellenos a la parrilla 39

16. Patatas fritas a la parrilla 41

17. Palitos de ajo a la parrilla 43

18. Hongos porcini a la parrilla 45

19. Baguette de ajo silvestre asado 47

20. Berenjenas a la plancha con aceite de ajo 49

PLATOS A LA PARRILLA 50

21. Ketchup de tomate picante 50

22. Zanahorias asadas 53

23. Panes pequeños planos 55

24. Mazorca de maíz mexicano 57

25. Tomates a la hierba a la plancha 59

26. Patatas para pizza 61

27. Chutney de mango 63

28. Rábanos duros 64

29. Chimichurri 66

30. Zanahoria frita 68

31. Patatas a la plancha con hierbas 70

32. Calabacín a la plancha con queso de oveja 72

33. Berenjenas con semillas de granada 74

34. Lechuga romana a la plancha con aderezo de 76

menta 76

35. Brochetas de verduras a la plancha 78

PAN DE LA PARRILLA 80

36. Pan blanco relleno 80

37. Pan de nueces 82

38. Palitos de pan de tomate 84

39. Focaccia a la plancha 86

40. Pan de tomate 88

41. Ensalada de pan crujiente y queso 90

42. Panes planos pequeños 93

43. Pan gratinado 95

44. Panes con salmón ahumado 96

45. Sándwich de cochinillo 97

CERDO A LA PARRILLA 99

46. Filete de cerdo a la plancha 99

47. Cuello de cerdo a la plancha 101

48. Costillas en adobo de cerveza 103

49. Costillitas con salsa de chile y miel 104

50. Costillas en adobo de cerveza 107

51. Cevapcici 109

52. Costillitas con mantequilla de maní 111

53. Costillas de cerdo a la caribeña 113

54. Pan gratinado 115

55. Chuletas a la barbacoa de cerdos de corral 116

56. Chuleta a la parrilla 118

57. Rollitos de solomillo de cerdo picante 120

58. Medallones de cerdo adobados 122

59. Codillo de cerdo a la plancha 124

60. Costillas de cerdo con salsa seca 126

MARISCOS Y PESCADOS 128

61. Rollito de salmón relleno a la parrilla 128

62. Atún en barra 130

63. sardinas a la plancha 132

64. Besugo a la plancha 134

65. Gambas a la plancha 135

66. Langostinos a la plancha sobre verduras al wok. 136

67. Brochetas de marisco a la plancha 138

68. Brocheta de pescado con salsa tarator 141

69. Salmón alpino a la plancha 142

70. Feta mediterráneo en papel de aluminio 144

RECETAS DE CARNE 145

71. Filete Porterhouse elaborado con humo de whisky 145

72. Cevapcici en pan plano 148

73. Steakburger deluxe 150

74. Hamburguesa de ternera desmenuzada............... 152

75. Carne de res desmenuzada del ahumador 153

76. Filete de flan en adobo teriyaki............................ 154

77. Filete Porterhouse de la tabla de whisky............ 156

78. Bife de lomo con pan de ajo................................ 158

79. T-Bone A La Parrilla Inversa................................ 160

80. Costillas de res del humo de nogal...................... 162

SALSAS DE BARBACOA 163

81. Salsa de tomate picante 164

82. Receta de mantequilla Café de Paris 166

83. Receta de chutney de tomate.............................. 168

84. Salsa de Mostaza Carolina................................... 170

85. Yogur de limón y menta....................................... 172

86. Receta de salsa picante de ruibarbo 174

87. Receta de salsa holandesa 176

88. Receta de guacamole... 178

89. Receta de pesto de albahaca............................... 180

90. salsa teriyaki.. 181

AVES DE CORRAL 183

    91. Pollo a la parrilla 183

    92. Alitas de pollo a la plancha........................ 185

    93. Brochetas de pollo yakitori a la plancha.............. 187

    94. Pechuga de pollo a la plancha con espinacas........ 189

    95. Pechuga de pollo al ajonjolí........................... 190

    96. Rollitos de jamón feta a la plancha................. 192

    97. Sándwiches de pollo a la parrilla 193

    98. Filete de pollo a la plancha con guacamole 195

    99. Brochetas de plátano y pollo a la plancha............ 197

    100. Rollo de pavo asado a la parrilla.................... 198

CONCLUSIÓN 200

INTRODUCCIÓN

La técnica de asar carne u otros alimentos sobre las brasas se ha utilizado desde que la humanidad dominó el fuego, quizás la forma más antigua de cocinar utilizada con variaciones regionales en diferentes partes del mundo.

La barbacoa es la barbacoa americana popular en Estados Unidos. Utiliza una variedad más amplia de ingredientes (desde chuletas de cerdo y hamburguesas hasta aves, pescado y mariscos), así como salsas sabrosas para condimentar. También es común usar parrillas eléctricas en lugar de la parrilla de carbón tradicional al asar.

Los grillos eran el alimento principal de los gauchos que trabajaban con ganado en el pasado. Asan la carne en campo abierto con brochetas de madera colocadas sobre trincheras. La carne solo se sazona con sal. Asar a la parrilla se hizo popular entre los habitantes de las granjas. Se empezó a cocinar en casa y se disfrutaba en los restaurantes típicos, los asadores.

El asado gaucho se elabora con ternera asada sobre brasas. Los trozos de carne colocados en brochetas o parrillas (madera o metal) se exponen lentamente a un cuenco de carbón o leña. Se deben evitar las llamas, ya que queman la carne afuera y la dejan atrás. Los embutidos más populares son el bistec, las costillas, la falda y el filete. La carne se puede servir cruda, mediana o bien hecha, siendo las ensaladas, el pan y la farofa las guarniciones más comunes.

Hoy salchicha, cordero, cerdo y pollo también forman parte del asado gaucho. La técnica de preparación es la misma que para la carne de vacuno; en algunos casos, las salsas también se pueden utilizar para condimentar y sal.

RECETAS VEGETARIANAS

1. Feta a la parrilla

ingredientes

- 400 g de queso feta
- Escuche 1 botón del dedo del pie
- 2 aceite de oliva
- 2 ramitas de romero
- 150 g de arándanos
- 1 miel
- 2 vinagre de vino tinto

Pasos de preparación

1. Ponga el queso feta en los tazones de acero inoxidable. Pele y pique finamente el ajo y extiéndalo sobre el queso feta. Sazone con pimienta y rocíe con 1 cucharada de aceite de oliva. Ase a la parrilla durante unos 15 minutos.
2. Mientras tanto, caliente el aceite restante en una cacerola pequeña, agregue las ramitas de romero a la cacerola y déjela reposar durante 3-4 minutos a fuego lento.
3. Agregue los arándanos y la miel a la cacerola y cocine a fuego lento brevemente, desglasar con vinagre y cocine a fuego lento durante 23 minutos.
4. Vierta la salsa de arándanos y romero sobre el queso feta asado y sirva.

2. Zanahorias asadas

ingredientes

- 800 g de zanahorias
- 3 cucharadas de aceite de oliva
- ½ cucharadita de miel líquida
- 1 ½ cucharada de jugo de naranja
- ½ cucharadita de orégano seco
- sal marina
- pimienta

Pasos de preparación

1. Limpiar, pelar y cortar por la mitad las zanahorias a lo largo. Mezclar el aceite con la miel, el jugo de naranja y el orégano. Cepille la superficie cortada de las zanahorias con ella y colóquela en la parrilla caliente.
2. Cierra la tapa y asa las zanahorias durante unos 6 minutos. Condimente con sal, pimienta y sirva en 4 platos.

3. Focaccia a la plancha

ingredientes

- ½ cubo de levadura
- 1 cucharadita de sirope de agave
- 500 g de harina integral
- 1 cucharadita de sal
- 1 diente de ajo
- 2 ramitas de romero
- 2 aceite de oliva

Pasos de preparación

1. Desmenuza la levadura en un tazón pequeño y vierte sirope de agave encima. Deje reposar durante unos 10 minutos hasta que la levadura se haya disuelto y comience a burbujear.
2. Pon la harina y la sal en un bol. Agregue la levadura y 300 ml de agua tibia y trabaje hasta obtener una masa suave. Si es necesario, agregue un poco más de agua. Cubre la masa y déjala reposar unas 2 horas.
3. Mientras tanto, presione el diente de ajo. Arranca las agujas de romero de las ramas. Calentar el aceite de oliva en una sartén, dejar reposar el ajo y el romero durante 10 minutos a fuego lento.
4. Divida la masa en cuatro porciones aproximadamente iguales y forme tortas de masa ovaladas con las manos sobre una superficie de trabajo ligeramente enharinada. Unte la masa con aceite de romero y ase en la parrilla con la tapa cerrada durante 3-4 minutos.

4. Patatas al limón a la plancha

ingredientes

- 800 g de patatas pequeñas
- sal
- 3 dientes de ajo
- 1 limón orgánico
- 4 cucharadas de aceite de oliva
- pimienta

Pasos de preparación

1. Lave las patatas y cocínelas previamente en agua hirviendo con sal durante unos 15 minutos. Mientras tanto, caliente la parrilla.
2. Pelar el ajo y picarlo en rodajas finas. Lave el limón con agua caliente, séquelo, frote la cáscara y exprima el jugo. Mezclar ambos con el ajo y el aceite, sazonar con sal y pimienta. Escurre las patatas, evapora, corta las patatas grandes por la mitad si es necesario y mézclalas con la marinada.
3. Coloque las papas en un recipiente para grill y cocine a la parrilla hasta que estén doradas, dándoles vuelta de vez en cuando.
4. Sirva en tazones pequeños.

5. Tomates cuscús a la plancha

ingredientes

- sal
- 2 cucharadas de aceite de oliva
- 200 g de cuscús instantáneo
- 50 g de piñones
- ½ manojo de perejil
- 1 manojo de cebolletas
- 30 g de pasas sultanas
- 1 cucharadita de pimentón rosado en polvo
- 1 cucharadita de canela

- pimienta
- 1200 g de tomates (6 tomates)

Pasos de preparación

1. Llevar a ebullición 250 ml de agua con sal con el aceite. Retirar del fuego y verter el cuscús.
2. Remover brevemente y tapar y dejar en remojo durante 5 minutos.
3. Poner en un bol y esponjar con un tenedor.
4. Tostar los piñones en una sartén sin grasa.
5. Lavar el perejil, agitar para secar, picar las hojas. Limpiar, lavar y cortar en rodajas finas las cebolletas.
6. Mezclar el cuscús con los piñones, el perejil, las cebolletas, las pasas, el pimentón en polvo y la canela. Condimentar con sal y pimienta.
7. Lava los tomates. Corta una tapa y raspa las semillas con una cucharada.
8. Sazone el interior de los tomates con sal y pimienta y rellénelos con el cuscús. Vuelva a poner las tapas.
9. Ase los tomates en una bandeja para grill ligeramente engrasada a fuego medio durante 10 minutos. Cubre los tomates con un

tazón de metal (o ásalos a la parrilla debajo de una parrilla de hervidor cerrada, si tienes una).

6. Espárragos verdes a la plancha con salsa de limón

ingredientes

- 1 kg de espárragos verdes
- sal
- 3 limones orgánicos
- 4 cucharadas de aceite de oliva
- pimienta

- 1 cucharada de miel

Pasos de preparación

1. Lavar los espárragos, pelar el tercio inferior, cortar los extremos leñosos. Poner los espárragos en agua hirviendo con sal durante 5 minutos, escurrir y enjuagar con agua fría (blanquear). Escurrir bien.
2. Para la vinagreta, lave los limones con agua caliente y séquelos. Corta 2 limones en rodajas finas y exprime el resto. Mezclar el jugo de limón con el aceite. Sazone con sal, pimienta y miel y sazone al gusto.
3. Asa los espárragos en una parrilla caliente durante 3-5 minutos, volteándolos. Acomoda en un plato con las rodajas de limón y sírvelas rociadas con la vinagreta.

7. Brochetas de tomate y queso a la plancha

ingredientes

- 300 g de tomates de cóctel
- 300 g de queso feta
- 4 cebollas rojas
- 1 diente de ajo
- 4 tallos de eneldo
- 4 cucharadas de aceite de oliva
- sal
- pimienta

Pasos de preparación

1. Lave los tomates y córtelos por la mitad. Corta el queso feta en dados. Pelar las cebollas y cortarlas en gajos.
2. Pelar los ajos y cortar en dados muy finos. Lave el eneldo, agítelo para secarlo, quítele las banderas y píquelo en trozos grandes. Mezclar el ajo y el eneldo con el aceite.
3. Ponga los tomates en las brochetas alternativamente con queso feta y cebollas y unte con el aceite. Déjelo reposar durante unos 30 minutos. Sal, pimienta y cocine a la parrilla en la parrilla caliente durante aproximadamente 6 a 8 minutos, volteando ocasionalmente.

8. Hongos ostra a la parrilla

ingredientes

- 1 cucharada de nueces
- 3 tallos de perejil de hoja plana
- 250 g de setas ostra (aprox.8 setas)
- 2 cucharaditas de aceite de colza
- sal
- pimienta molida gruesa
- 1 cucharada de aceite de nuez

Pasos de preparación

1. Picar las nueces. Lavar el perejil, agitar para secar, arrancar las hojas y picar en trozos grandes.
2. Limpiar los hongos ostra y cortar la base de cada tallo.
3. Cubra un plato de aluminio o una bandeja para grill con aceite de colza. Coloque los hongos ostra encima y cocine a la parrilla en la parrilla caliente durante 1 a 2 minutos por cada lado.
4. Condimentar con sal y pimienta. Rocíe con aceite de nuez, espolvoree con perejil y nueces y sirva.

9. Tomates a la hierba a la plancha

ingredientes

- 8 tomates bistec maduros
- 4 cucharadas de aceite de oliva virgen extra
- 10 g de orégano (0,5 manojo)
- 2 dientes de ajo
- sal
- pimienta

Pasos de preparación

1. Lavar y cortar los tomates por la mitad, untar con un poco de aceite, colocar la superficie cortada sobre una mesa o parrilla de carbón y asar hasta que se doren en unos minutos. Mientras tanto, lave el orégano, agítelo y quítele las hojas. Pela los ajos. Pica ambos.
2. Mezcle el aceite restante con orégano, ajo, sal y pimienta. Cepille las superficies cortadas de los tomates calientes con la mezcla y sirva caliente.

10. Champiñones rellenos de queso feta a la plancha

ingredientes

- 8 hongos comestibles portobello
- 2 chalotes
- 1 diente de ajo
- 6 tomates
- 4 cucharadas de aceite de oliva
- 2 cucharadas de pan rallado integral
- 1 cucharadita de orégano seco

- sal
- pimienta
- 80 g de queso de oveja

Pasos de preparación

1. Limpiar las setas y desenroscar los tallos. Pica finamente los tallos. Tapas huecas. Pelar y cortar finamente las chalotas y el ajo. Lava los tomates. Para pelar los tomates, hacer un corte en forma de cruz con un cuchillo de cocina, escaldar con agua hirviendo unos segundos, enjuagar y pelar. Cortar los tomates en cuartos, sin corazón y en dados.

2. Para el relleno, calentar 2 cucharadas de aceite de oliva en una sartén. Agrega los tallos de los champiñones cortados en cubitos, las chalotas y el ajo y sofríe a fuego medio durante 2-3 minutos. Agregue los tomates y deje hervir a fuego lento durante unos 5 minutos. Retirar del fuego, mezclar el pan rallado y el orégano. Sazone al gusto con sal y pimienta.

3. Cepille las tapas de los champiñones con el aceite restante y rellénelas. Coloque en la parrilla y cocine a la parrilla con la tapa cerrada durante 10 a 15 minutos. Desmenuza el queso de oveja. Unte los champiñones y

cocine a la parrilla durante 4 a 5 minutos más. Servir inmediatamente.

11. Ratatouille de verduras asadas

ingredientes

- 3 pimientos (rojo, amarillo y verde)
- 1 calabacín
- 1 berenjena
- 1 cebolla
- sal
- pimienta
- aceite de oliva
- 1 lata (s) de tomates (en jugo, aprox.850 g)
- Vinagre balsámico

- 1 pizca de azucar
- Romero
- tomillo
- sabio

preparación

1. Pelar el pimentón crudo de las verduras asadas para el pisto, quitar el corazón y cortar en trozos. Cortar el calabacín en rodajas, pelar la berenjena y la cebolla y cortar en rodajas. Salpimentar todas las verduras, rociar con un poco de aceite de oliva, asar por ambos lados.

2. Reducir los tomates con sal, pimienta, vinagre balsámico y un poco de azúcar. Colar los tomates, mezclar con las verduras asadas y volver a calentar brevemente. Sazone el pisto de las verduras asadas con romero picado, tomillo y salvia.

12. Calabacín frito en aceite de oliva

ingredientes
- 4 calabacines (pequeños)
- sal
- Pimienta (recién molida)
- 3 piezas de dientes de ajo (pelados y ligeramente prensados)
- 1 pieza de ramitas de tomillo
- 1 ramita de romero
- aceite de oliva **preparación**
1. Lave el calabacín en aceite de oliva y córtelo en rodajas alargadas para el calabacín frito (aprox. 4 mm).

2. Lo mejor es freír en aceite de oliva con sal y pimienta en una sartén de hierro fundido (o en la parrilla).
3. Colóquelos en capas en un frasco una vez que se hayan dorado.
4. A continuación, rehogar el ajo y verter sobre el calabacín con abundante aceite de oliva y hierbas.
5. Ponga en el refrigerador o rocíe con vinagre balsámico mientras aún está caliente y sirva con queso parmesano.

13. Alcachofas a la plancha con mayonesa de wasabi

ingredientes *Para las alcachofas:*

- 4 alcachofas
- 2 cucharadas de aceite de oliva
- 1 limón (jugo)
- sal marina

Para la mayonesa:

- 2 yemas de huevo
- 1 limón (jugo y ralladura)
- 1 cucharadita de wasabi en polvo

- 100 ml de aceite de girasol
- sal

preparación

1. En una taza alta, tritura las yemas de huevo con el jugo y la ralladura de limón y el polvo de wasabi con una batidora de mano. Rocíe lentamente el aceite de girasol y revuelva para combinar. Sazonar con sal al gusto.
2. Las alcachofas deben lavarse y limpiarse, y el tallo debe cortarse justo por encima del tallo. Abra ligeramente las hojas, rocíe jugo de limón en las tazas y sazone ligeramente.
3. Envuelve las alcachofas en papel de aluminio y hornea durante 25 minutos a 190 grados centígrados.
4. Retirar las hojas del papel de aluminio, arrancar las hojas exteriores, cortarlas por la mitad y volver a freír el aceite de oliva en una sartén.

14. Piña asada con caramelo salado y totopos

ingredientes

- 1 piña (pelada, en cuartos, cortada 3 bloques de cada cuarto)
- 6-8 cucharadas de azúcar granulada
- 150 ml de leche de coco
- sal marina
- 1 paquete de totopos
- Menta (fresca) **preparación**
1. Para la piña a la plancha con caramelo salado y chips de tortilla, primero derrita el azúcar en una sartén para el caramelo y caramelice

hasta que esté relativamente oscuro. A continuación, desglasar con la leche de coco y reducir a almíbar. Sazone al gusto con sal marina.
2. Ase la piña en la parrilla por todos lados hasta que esté tibia.
3. Coloca la piña en el plato, rocía con el caramelo salado, decora con hojas de menta y sirve la piña a la plancha con el caramelo salado y los totopos.

15. Champiñones rellenos a la parrilla

ingredientes
- 8 uds. Hongos (grandes)
- 1 taza de queso crema de hierbas (orgánico)
- 5 dag Emmentaler (rallado, orgánico)
- 1 cucharadita de sal
- Pimienta (del molino) **preparación**

1. Limpiar las setas y quitarles los tallos antes de rellenarlas. Con un cortador de melón, raspe el interior de los champiñones para

crear un bonito hueco, luego colóquelos en un tazón.
2. Combine el queso crema de hierbas y el queso emmental rallado. Sazone con sal y pimienta al gusto. El relleno debe rellenarse con las tapas de los champiñones.
3. Si el interior de los champiñones no es suficiente, siempre puedes cortar algunos tallos en cubos finos y mezclarlos con el resto de la mezcla.
4. Coloque los champiñones en una bandeja para hornear pequeña, ligeramente engrasada o en una cazuela, por ejemplo, y hornee durante unos 10 minutos a 160 ° C.
5. Luego, durante unos 5-10 minutos, colóquelo en la parrilla y cocine hasta que esté listo.

16. Patatas fritas a la parrilla

ingredientes
- 12 patatas (medianas)
- 2 cucharadas de perejil (fresco y picado)
- 2 dientes de ajo
- aceite de oliva
- sal
- pimienta **preparación**
1. Corte las patatas de tamaño mediano a ligeramente pequeñas por la mitad a lo largo (corte por el punto más ancho). Luego mezcle el perejil picado y el diente de ajo prensado

en un bol y vierta el aceite de oliva (la cantidad deseada).
2. Ahora coloque las mitades de papa con la superficie cortada hacia arriba y unte con el ajo-perejil-aceite de oliva. Deje que algo se empape y primero coloque el lado cortado en la parrilla.
3. En total, las patatas fritas del grill tardan unos 20 minutos, según el tipo de grill.

17. Palitos de ajo a la parrilla

ingredientes
- 1/2 kg de harina (mitad lisa / mitad adherente)
- 1 cucharadita de sal
- 20 g de aceite
- 1 paquete de levadura seca
- 300 g de cerveza de malta
- 1 bulbo (s) de ajo
- Aceite (algo para el ajo) **preparación**
1. Para las ramitas de ajo de la parrilla, pelar el ajo, picarlo finamente y mezclarlo con un

poco de aceite de oliva. A continuación, prepare una masa de levadura a partir de harina, levadura seca, sal, aceite y cerveza de malta y déjela reposar durante 1/2 hora.
2. Formar bolas de 80 gy dejar reposar otros 15 minutos. Luego, extiéndalo en tortas largas y planas, cepille con el ajo finamente picado y enrolle.
3. Vuelva a enrollar los rollos terminados con el rodillo y atorníllelos. Hornee en la parrilla a 180 grados.

18. Hongos porcini a la parrilla

ingredientes
- 100 g de hongos porcini *Para el adobo:*
- 2 cucharadas de aceite de oliva
- 1 diente (s) de ajo
- 1/2 cucharadita de sal
- Tomillo (fresco)
- Orégano (fresco) **preparación**

1. Para los hongos porcini a la parrilla, limpie los hongos porcini y córtelos en aprox. Rodajas finas de 1 cm. Solo corte los hongos pequeños a la mitad. Hacer la marinada con aceite de

oliva, diente de ajo machacado, sal, tomillo fresco y orégano. Coloque los champiñones porcini en la marinada.
2. Ase en una bandeja para grill durante unos 10 minutos.

19. Baguette de ajo silvestre asado

ingredientes
- 1 baguette
- 80 g de mantequilla
- 4 diente (s) de ajo
- 1 manojo de ajo silvestre (aprox.35 g)
- sal

preparación
1. Primero prepare la mantequilla de ajo silvestre. Para hacer esto, caliente la

mantequilla a temperatura ambiente y presione los dientes de ajo en ella.
2. Lavar los ajetes, escurrir bien y picar finamente. Agregue el ajo silvestre y la sal a la mantequilla y mezcle bien. Corta aproximadamente un tercio de la baguette cada 2 cm.
3. Unte un poco de mantequilla de ajo silvestre en cada corte. A continuación, corte completamente la baguette larga por la mitad y ase 2 piezas.
4. Asa por la parte de abajo durante aprox. 2-3 minutos, luego voltee con cuidado y cocine a la parrilla brevemente.

20. Berenjenas a la plancha con aceite de ajo

ingredientes

- 1 berenjena
- 3 dedos de ajo
- 4 cucharadas de aceite de oliva
- 1 cucharadita de sal **preparación**

1. Primero, pelar y presionar los dientes de ajo para las berenjenas a la plancha con aceite de ajo. Mezclar bien el aceite, el ajo y la sal, cortar la berenjena en rodajas de 2 cm de grosor y untar bien con el aceite de ajo.

2. Asa las rodajas de berenjena por ambos lados durante unos 5 minutos o en una sartén. Berenjenas a la plancha con aceite de ajo saben muy bien acompañadas de pan blanco recién hecho.

PLATOS A LA PARRILLA

21. Ketchup de tomate picante

ingredientes

- 1 ½ kg de tomates
- 2 cebollas
- 2 dientes de ajo

- 150 g de manzanas pequeñas (1 manzana pequeña)
- 2 cucharadas de aceite de oliva ☐ 3 cucharadas de sirope de arce ☐ 6 granos de pimienta de Jamaica
- 1 cucharadita de granos de pimienta
- 1 cucharada de semillas de mostaza
- 1 hoja de laurel
- 1 diente
- 100 ml de vinagre de sidra de manzana
- sal
- pimienta de cayena
- canela en polvo

Pasos de preparación

1. Limpiar, lavar y picar los tomates. Pelar y picar las cebollas y los ajos. Limpiar la manzana, cortarla por la mitad, quitarle el corazón y cortarla en cubos pequeños.
2. Caliente el aceite en una olla. Sofría las cebollas, el ajo y la manzana a fuego medio durante 2 minutos. Vierta jarabe de arce encima y caramelice suavemente durante 5

minutos mientras revuelve. Agregue la pimienta de Jamaica, la pimienta, la mostaza, la hoja de laurel y el clavo y cocine por 3 minutos. Agregue los tomates y el vinagre y deje hervir a fuego lento durante unos 30 minutos a fuego lento, revolviendo ocasionalmente.

3. Pasar la mezcla de tomate por un colador, volver a ponerlo en el cazo, llevar a ebullición y dejar hervir a fuego lento unos 10 minutos a fuego lento. Sazone los tomates con sal, pimienta de cayena y una pizca de canela, llénelos en botellas limpias y ciérrelas bien.

22. Zanahorias asadas

ingredientes

- 800 g de zanahorias
- 3 cucharadas de aceite de oliva
- ½ cucharadita de miel líquida
- 1 ½ cucharada de jugo de naranja
- ½ cucharadita de orégano seco
- sal marina
- pimienta

Pasos de preparación

3. Limpiar, pelar y cortar por la mitad las zanahorias a lo largo. Mezclar el aceite con la miel, el jugo de naranja y el orégano. Cepille la superficie cortada de las zanahorias con ella y colóquela en la parrilla caliente.
4. Cierra la tapa y asa las zanahorias durante unos 6 minutos. Condimente con sal, pimienta y sirva en 4 platos.

23. Panes pequeños planos

ingredientes

- 500 g de harina integral
- 21 g de levadura fresca (0,5 cubo)
- 1 cucharadita de miel
- 1 cucharadita de sal ☐ 70 mlaceite de oliva
- 7 cebolletas

Pasos de preparación

1. Tamiza la harina en un tazón grande, haciendo un hueco en el medio. Desmenuza la levadura en el pozo, vierte miel y 4 cucharadas de agua tibia sobre ella. Espolvoree con un poco de harina desde el borde y cubra la masa previa en un lugar cálido y sin corrientes de aire durante unos 10 minutos.
2. Agregue sal, 4 cucharadas de aceite de oliva y aproximadamente 200 ml de agua tibia a la masa previa y use el gancho amasador de una batidora de mano para formar una masa suave. Cubrir con un paño de cocina húmedo y dejar reposar a temperatura ambiente durante aproximadamente 1 hora.
3. Mientras tanto, lave y limpie las cebolletas y córtelas en rollos finos.
4. Amasar bien la masa nuevamente sobre una superficie de trabajo enharinada con los rollitos de cebolleta y aproximadamente 2 cucharadas de aceite de oliva. Luego divídelo en 8 piezas. Extienda en pequeños panes planos con un rodillo y cepille con el resto del aceite. Ase a la parrilla caliente por ambos

lados durante aprox. 10-15 minutos mientras gira.

24. Mazorca de maíz mexicano

ingredientes

- 6 mazorcas de maíz (sin brácteas ni hilos)
- sal
- 4 cucharadas de aceite de oliva
- 10 g de cilantro (0,5 manojo)
- pimienta

- 1 diente de ajo
- 1 cucharadita de aceite de colza
- 2 limas orgánicas
- chile en polvo
- 100 g de queso feta (9% de grasa)

Pasos de preparación

1. Limpiar y lavar la mazorca de maíz y cocinar en agua con sal a fuego medio durante unos 5 minutos. Escurrir y escurrir. Cepille la mazorca de maíz con 2 cucharadas de aceite de oliva.
2. Lavar el cilantro, agitar para secar, arrancar las hojas, picar y mezclar con el aceite restante, sal y pimienta. A continuación, pelar y picar los ajos y mezclar con el aceite.
3. Engrase la rejilla de la parrilla con aceite de colza. Coloque las mazorcas de maíz en la parrilla precalentada y cocine a la parrilla durante unos 10 a 15 minutos, volteándolas de vez en cuando, hasta que estén bien cocidas y bien doradas.
4. Mientras tanto, enjuague las limas con agua caliente, frótelas para secarlas y córtelas en gajos. Retire la mazorca de maíz de la parrilla, colóquela en un bol, sazone con sal y chile en polvo y rocíe con el aceite de

hierbas. Desmenuza el queso feta encima y sirve la mazorca de maíz con las rodajas de limón.

25. Tomates a la hierba a la plancha

ingredientes

- 8 tomates bistec maduros
- 4 cucharadas de aceite de oliva virgen extra
- 10 g de orégano (0,5 manojo)
- 2 dientes de ajo
- sal

- pimienta

Pasos de preparación

3. Lavar y cortar los tomates por la mitad, untar con un poco de aceite, colocar la superficie cortada sobre una mesa o parrilla de carbón y asar hasta que se doren en unos minutos. Mientras tanto, lave el orégano, agítelo y quítele las hojas. Pela los ajos. Pica ambos.
4. Mezcle el aceite restante con orégano, ajo, sal y pimienta. Cepille las superficies cortadas de los tomates calientes con la mezcla y sirva caliente.

26. Patatas para pizza

Ingredientes

- 5 papas medianas (cerosas)
- 200 g de tomates frescos
- 1 cebolla
- 1 diente de ajo
- aceite de oliva
- Aceitunas (verde / negro)
- 200 g de queso rallado (Gouda o Emmentaler)
- 1 cucharada de orégano rallado
- 1 cucharada de albahaca, frotada

- pimienta
- sal
- Albahaca fresca Preparación

1. Las patatas se lavan y luego se cuecen hasta que estén cocidas (aproximadamente 25-30 minutos). Mientras tanto, lave los tomates y córtelos finamente junto con la cebolla y el ajo. El aceite se calienta en una sartén, en la que se cuecen al vapor los tomates, la cebolla y los ajos y se hierve un poco la mezcla. Las patatas se cortan por la mitad a lo largo y se ahuecan con una cucharadita (aprox. 0,5 cm de profundidad). El interior de las patatas se tritura con un tenedor y se mezcla con la mezcla de tomate. Agrega las aceitunas partidas por la mitad, la mitad del queso, las hierbas secas y la sal / pimienta a la mezcla de tomate y revuelve todo bien. La mezcla se vierte en las patatas y se espolvorea la otra mitad del queso.

Interrogatorio intenso

2. La parrilla se prepara para asar indirectamente a 180 ° C. Las patatas se cocinan a la parrilla durante unos 30 minutos con la tapa cerrada. Luego, se espolvorean

con hierbas frescas (por ejemplo, albahaca) para servir, ¡delicioso!

27. Chutney de mango

Ingredientes
- ½ mango
- 1 cucharada de azúcar moreno de caña
- jugo de manzana
- Pimentón en polvo (caliente, si se desea)
- Pimienta molida

Preparación

1. Primero se pela el mango, se separa del corazón y se corta en cubos pequeños. Freír los cubos en una cacerola durante unos minutos hasta que los trozos se ablanden. Luego espolvorea el azúcar por encima y deja que se caramelice sin dejar de remover. Retirar los cubitos con el jugo de manzana y hervir un poco el líquido hasta que se forme una salsa espesa. Prueba la salsa picante con el pimentón y la pimienta.

28. Rábanos duros

Ingredientes

- 1 manojo de rábanos (aprox.20 piezas)
- 150 ml de vinagre balsámico (aquí: bálsamo de saúco)

- 100 ml de agua
- ½ cucharada de sal
- 1 cucharada de azucar
- 1 cucharada de semillas de mostaza
- 1 cucharada de pimienta en grano

Preparación

1. Se lavan los rábanos y se quitan las puntas. Los ingredientes para la infusión se mezclan y se hierven en una cacerola.
2. Luego se distribuyen los rábanos en los vasos y se vierte con el caldo hirviendo. Los frascos se cierran con un anillo de goma y se hierven a 120 ° C en una bandeja para hornear llena de agua durante 30 minutos. Antes de abrir el frasco, los rábanos deben remojarse durante al menos dos semanas. Son ideales como aderezo de hamburguesas, en ensaladas o simplemente para tentempiés.

29. Chimichurri

Ingredientes
- 1 manojo de perejil
- 2 dientes de ajo
- 1 cebolla morada pequeña
- buen aceite de oliva (aquí: aceite de limón y romero)
- 1 guindilla o pepperoni
- pimienta
- sal
- 1 cucharadita de orégano seco
- 1 cucharadita de tomillo seco

Preparación
1. El perejil, los dientes de ajo, la guindilla / pepperoni y la cebolla están finamente picados. En el mortero, todos los ingredientes se procesan en una pasta con aceite de oliva. Se vierte suficiente aceite de oliva para hacer una pasta cremosa. La salsa se puede consumir inmediatamente o dejar reposar hasta por 24 horas. El chimichurri va a la perfección con su jugoso bife, pero también se puede acompañar con muchos otros platos.

30. Zanahoria frita

Ingredientes
- 500 g de zanahorias
- 3 cucharadas de aceite de oliva
- 2 cucharadas de frote de su elección
- 2 cucharadas de queso parmesano, finamente rallado
- cebollín

Preparación
1. ¡Las zanahorias se lavan, no se pelan! Luego, las corta en tiras para que tengan el tamaño de papas fritas "normales". Las zanahorias se mezclan bien con el aceite de oliva, el roce y el parmesano y luego se extienden en un

recipiente ignífugo forrado con papel de horno.

Interrogatorio intenso

2. La parrilla está preparada para asar indirectamente a 180 ° C. Las zanahorias fritas se "hornean" ahora durante 30 minutos. Las papas fritas terminadas están decoradas con cebolletas, ¡más un poco de salsa de tomate! Si lo desea, también puede crear un humo sutil en la parrilla, de modo que las papas fritas aún tengan una ligera nota ahumada.

31. Patatas a la plancha con hierbas

Ingredientes
- 800 g de patatas cerosas
- sal
- 1 rama de romero
- 1 diente de ajo
- 1 chalota
- 6 cucharadas de aceite de oliva
- aceite para la parrilla
- hierbas frescas mixtas para decorar
- 1 cucharada de jugo de limón para rociar

Pasos de preparación
1. Lave bien las patatas y cocínelas previamente en agua hirviendo con sal durante unos 20 minutos.
2. Mientras tanto, calienta la parrilla.
3. Lavar el romero, agitar para secar, quitar las agujas y picar finamente. Pelar el ajo y la chalota, también picar finamente y mezclar con el romero, el aceite, la sal y la pimienta.
4. Escurre las papas, déjalas evaporar, córtalas por la mitad, mézclalas con el aceite de hierbas y coloca la superficie cortada hacia abajo sobre la parrilla caliente y aceitada. Ase durante 3-4 minutos, voltee y cocine a la parrilla durante otros 3-4 minutos. Cepille con el resto de la marinada una y otra vez.
5. Sirva las papas con hierbas frescas, rocíe con jugo de limón y sirva inmediatamente.

32. Calabacín a la plancha con queso de oveja

ingredientes
- 600 g de calabacín
- 3 dientes de ajo
- 8 cucharadas de aceite de oliva
- sal
- pimienta
- 150 g de queso feta (45% de grasa en materia seca)
- 2 tallos de menta para decorar

Pasos de preparación
1. Limpiar y lavar el calabacín y cortar en diagonal en aprox. Rodajas de 0,7 cm de grosor. Pelar y picar el ajo, mezclar con el aceite, sal y pimienta, rociar con las rodajas

de calabacín y dejar reposar durante 1 hora aproximadamente.
2. Mientras tanto, desmenuce el queso feta en trozos, lave la menta, agite y retire las hojas. Caliente la parrilla, coloque las rodajas de calabacín en la parrilla caliente y cocine a la parrilla durante 6 a 8 minutos mientras gira. Rocíe con aceite de ajo una y otra vez. Espolvoree con queso feta y sirva en platos, adornado con menta.

33. Berenjenas con semillas de granada

ingredientes
- 600 g de berenjenas (2 berenjenas)
- sal
- 1 granada
- 10 g de perejil (0,5 manojo)
- 1 diente de ajo
- 3 cucharadas de aceite de oliva
- mar grueso sal
- 1 cucharada de vinagre balsámico

Pasos de preparación
1. Limpiar y lavar las berenjenas, cortar por la mitad a lo largo, sazonar con sal y dejar reposar 10 minutos.

2. Mientras tanto, corte la granada a la mitad y retire las semillas de la fruta. Lavar el perejil, sacudir para secar, arrancar las hojas y picar. Pelar y picar finamente los ajos y mezclar con 2 cucharadas de aceite.
3. Seque la berenjena y cepille con la mitad del aceite de ajo. Asa las berenjenas en la parrilla precalentada durante unos 10 a 12 minutos, volteándolas de vez en cuando y untándolas con el aceite restante.
4. Para servir, espolvorear las berenjenas con semillas de granada, sal marina y perejil y rociar con vinagre balsámico.

34. Lechuga romana a la plancha con aderezo de menta

ingredientes

- 30 g de piñones (2 cucharadas)
- 2 tallos de menta
- 3 cucharadas de aceite de oliva
- sal
- pimienta
- 1 cucharada de jugo de limón
- 600 g de corazón de ensalada de lechuga romana (4 corazones de ensalada de lechuga romana)
- 30 g de parmesano (1 pieza; 30% de grasa en materia seca)
- 200 g de pan integral de espelta

Pasos de preparación
1. Ase los piñones en una sartén caliente a fuego medio sin grasa. Mientras tanto, lava la menta, agítala para secarla y quita las hojas. Haga un puré fino de las hojas con aceite y 2-3 cucharadas de agua. Condimente con sal, pimienta y jugo de limón.
2. Lavar los corazones de lechuga, agitar para secar y cortar por la mitad a lo largo. Unte con 1 cucharada de aceite para condimentar y ase durante 5 minutos en la parrilla precalentada, girando ocasionalmente. Mientras tanto, corte el parmesano en rodajas.
3. Coloque los corazones de lechuga en una fuente, rocíe con el aceite de condimento restante y espolvoree con piñones y parmesano.
4. Ase el pan baguette a la parrilla y sirva con la ensalada.

35. Brochetas de verduras a la plancha

ingredientes
- 2 pimientos amarillos
- 2 pimientos rojos
- 6 cebollas blancas pequeñas
- 2 calabacines
- 8 hongos
- 3 cucharadas de aceite de oliva
- sal
- pimienta
- 2 cucharaditas de hierbas secas de la Provenza
- 4 ramas de romero

Pasos de preparación
1. Lave, corte por la mitad y descorazone los pimientos y córtelos en trozos pequeños. Pela

y corta las cebollas por la mitad. Lavar y limpiar el calabacín y cortar en rodajas de 1 cm de grosor. Limpiar y cortar en cuartos los champiñones.

2. Coloque las verduras y los champiñones alternativamente en brochetas largas. Unte cada uno con un poco de aceite y sazone con sal, pimienta y las hierbas. Lavar el romero, agitar para secar y colocar a la parrilla caliente junto con las brochetas de verduras. Ase durante unos 8 minutos por todos lados mientras gira. Servir inmediatamente.

PAN DE LA PARRILLA

36. Pan blanco relleno

ingredientes

- 250 g de harina de trigo
- 2 cucharaditas de azúcar de caña integral
- 100 ml de leche tibia (3,5% de grasa)
- 1 paquete de levadura seca
- 100 g de patata asada
- 2 cucharadas de mantequilla líquida
- 200 g de harina de trigo tipo 1050
- 2 cucharaditas de sal
- 1 puñado de cebollino (10 g)

- 6 rodajas de gouda de la Edad Media

Pasos de preparación

1. Mezclar 100 g de harina de trigo con azúcar de caña integral, 100 ml de agua tibia, leche y levadura en un bol y tapar y dejar reposar en un lugar cálido durante 30 minutos.
2. Mientras tanto, pela las patatas y pásalas por una prensa de patatas. A continuación, amasa la masa de arranque con las patatas, la mantequilla, la harina restante, tipo 1050 y la sal. Forme una bola y colóquela en una bandeja para hornear. Tape y deje reposar durante aproximadamente 1 hora, hasta que la masa haya doblado su volumen.
3. Hornee pan blanco en un horno precalentado a 200 ° C durante 30-40 minutos hasta que esté dorado. Mientras tanto, lave las cebolletas, agítelas para secarlas y córtelas en rollos. Corta el queso en trozos pequeños.
4. Deja que el pan se enfríe. Corta profundamente en forma de celosía cuando se haya enfriado. Rellena las rodajas con cebollino y queso, sirve de inmediato.

37. Pan de nueces

ingredientes

- 500 g de harina integral
- 1 paquete de levadura seca
- 10 g de azúcar de caña integral (1 cucharadita)
- 2 ramas de romero
- 150 g de nueces
- 2 cucharadas de miel
- 1 cucharadita de sal
- pimienta
- 50 ml de leche (1,5% de grasa)
- 50 ml de aceite de oliva

Pasos de preparación
1. Mezcle la harina, la levadura y el azúcar en un bol.
2. Agregue 250 ml de agua tibia con el gancho amasador de la batidora de mano hasta que se forme una masa uniforme. Cubra y deje reposar en un lugar cálido durante unos 30 minutos.
3. Mientras tanto, enjuague el romero, agite para secar, saque las agujas y pique.
4. Tostar brevemente las nueces en una sartén antiadherente. Mezclar la miel y el romero y calentar. Condimente con sal y pimienta y coloque en un plato.
5. Caliente la leche tibia, luego revuelva en la masa con el aceite. Amasar en la mezcla de nueces y miel hasta que todo se haya unido y la masa esté brillante y suave.
6. Forme la masa en una barra de pan alargada y colóquela en una bandeja para hornear forrada con papel de hornear. Tapar y dejar reposar en un lugar cálido durante unos 20 minutos. Hornee en el horno precalentado a

220 ° C en el estante del medio durante aprox. 40 minutos.

38. Palitos de pan de tomate

ingredientes

- 250 g de harina integral
- 250 g de harina de espelta integral
- 1 ½ paquete de levadura seca
- 1 cucharadita de azúcar de caña integral
- 1 cucharadita de sal
- 100 g de tomates secos (encurtidos en aceite)
- 100 ml de jugo de tomate

- 5 tallos de tomillo

Pasos de preparación

1. Mezcle la harina, la levadura, el azúcar y la sal en un tazón.
2. Escurre los tomates, recogiendo 1 cucharada de aceite. Cortar tomates en dados.
3. Calentar el jugo de tomate y 250 ml de agua en una cacerola tibia.
4. Agrega el agua de tomate y el aceite de tomate recolectado a la harina y amasa con el gancho de masa de la batidora de mano hasta que la masa burbujee.
5. Cubra y deje reposar en un lugar cálido durante unos 30 minutos.
6. Lavar el tomillo, sacudir para secar y arrancar las hojas.
7. Amasar los cubos de tomate y las hojas de tomillo en la masa. Forma 2 palitos de pan cortos con la masa.

8. Colocar en una bandeja para hornear forrada con papel de hornear, marcar con un cuchillo y dejar reposar por otros 10 minutos. Hornee en un horno precalentado a 200 ° C durante 25-30 minutos.

39. Focaccia a la plancha

ingredientes

- ½ cubo de levadura
- 1 cucharadita de sirope de agave
- 500 g de harina integral
- 1 cucharadita de sal
- 1 diente de ajo
- 2 ramitas de romero
- 2 aceite de oliva

Pasos de preparación

1. Desmenuza la levadura en un tazón pequeño y vierte sirope de agave encima. Deje reposar durante unos 10 minutos hasta que la levadura se haya disuelto y comience a burbujear.
2. Pon la harina y la sal en un bol. Agregue la levadura y 300 ml de agua tibia y trabaje hasta obtener una masa suave. Si es necesario, agregue un poco más de agua. Cubre la masa y déjala reposar unas 2 horas.
3. Mientras tanto, presione el diente de ajo. Arranca las agujas de romero de las ramas. Calentar el aceite de oliva en una sartén, dejar reposar el ajo y el romero durante 10 minutos a fuego lento.
4. Divida la masa en cuatro porciones aproximadamente iguales y forme tortas de masa ovaladas con las manos sobre una superficie de trabajo ligeramente enharinada. Unte la masa con aceite de romero y ase en la parrilla con la tapa cerrada durante 3-4 minutos.

40. Pan de tomate

ingredientes

- 675 g de harina de espelta tipo 1050
- ½ cubo de levadura fresca
- 100 g de tomates secos
- 100 g de harina de espelta integral
- 15 g de sal

Pasos de preparación

1. La noche anterior: tamizar 250 g de harina de espelta tipo 1050 en un bol, hacer un hueco en el medio y desmenuzar la levadura.

2. Vierta 500 ml de agua tibia. Amasar con el gancho amasador de la batidora de mano durante 2-3 minutos. Tapar y dejar reposar a temperatura ambiente durante al menos 12 horas, mejor 16 horas.
3. Al día siguiente: Picar los tomates secados al sol.
4. Agregue los tomates, el resto de la harina y la sal a la masa previa y amase brevemente con el gancho para masa de la batidora de mano.
5. Luego colocar sobre la superficie de trabajo espolvoreada con harina y amasar con las manos durante 10 minutos.
6. Cubrir la masa en un bol y dejar que suba a temperatura ambiente hasta que duplique su volumen.
7. Vuelva a poner la masa sobre la superficie de trabajo enharinada. Amasar durante 1 minuto y formar 2 panes ovalados.
8. Colocar en una bandeja de horno cubierta con papel de horno. Cubrir con un paño de cocina enharinado y dejar reposar durante otros 90

minutos, el volumen debe duplicarse nuevamente.

9. Coloque el pan horneado en la rejilla inferior del horno precalentado a 225 ° C y coloque una cazuela con 200 ml de agua. Hornea el pan por 10 minutos. Retire el recipiente de agua, reduzca el fuego a 200 ° C y hornee el pan durante otros 25-30 minutos. Deje enfriar sobre una rejilla para horno o una rejilla de alambre.

41. Ensalada de pan crujiente y queso

ingredientes
- 120 g de pan de centeno integral (3 rebanadas)
- 30 g de pasas sultanas

- 4 cucharadas de vinagre de frutas
- sal
- pimienta
- 4 cucharadas de aceite de cártamo
- 300 g de manzanas
- 1 ½ manojo de rábano
- 100 g en rodajas queso
- 1 manojo de perejil de hoja plana

Pasos de preparación

1. Corta el pan en cubos de 1 cm y ásalos en una sartén sin aceite a fuego medio durante unos 4 minutos hasta que estén crujientes. Poner en un plato y dejar enfriar.
2. Mientras tanto, enjuague las pasas con agua caliente y escúrralas. Mezcle vinagre de frutas con un poco de sal, pimienta y aceite de cártamo para hacer un aderezo para ensaladas.
3. Lavar las manzanas, cortar cada manzana desde los 4 lados hacia el centro en rodajas de aproximadamente 5 mm de grosor, cortar las rodajas en cubos. Mezclar los dados de manzana y las pasas sultanas con el aderezo.

4. Lavar, escurrir y limpiar los rábanos. Ponga a un lado las hojas pequeñas de rábano; Corta los rábanos en cuartos.
5. Cortar las rodajas de queso en cuadrados de 2 cm. Lavar el perejil, agitar para secar y arrancar las hojas.
6. Mezclar el queso, el perejil y las hojas de rábano, los rábanos y el aderezo de manzana. Sazone al gusto con sal y pimienta.
7. Coloque la lechuga en un recipiente grande de almacenamiento de alimentos que cierre bien (aproximadamente 1,5 l de contenido) para transportarla. Coloque los cubos de pan en un recipiente de almacenamiento más pequeño (aprox. 500 m de capacidad) y espolvoree sobre la ensalada de queso y rábanos antes de servir.

42. Panes planos pequeños

ingredientes

- 500 g de harina integral
- 21 g de levadura fresca (0,5 cubos)
- 1 cucharadita de miel
- 1 cucharadita de sal
- 70 ml de aceite de oliva
- 7 cebolletas

Pasos de preparación

1. Tamiza la harina en un tazón grande, haciendo un hueco en el medio. Desmenuza la levadura en el pozo, vierte miel y 4

cucharadas de agua tibia sobre ella. Espolvoree con un poco de harina por el borde y cubra la masa previa en un lugar cálido y sin corrientes de aire durante unos 10 minutos.

2. Agregue sal, 4 cucharadas de aceite de oliva y aproximadamente 200 ml de agua tibia a la masa previa y use el gancho amasador de una batidora de mano para formar una masa suave. Cubrir con un paño de cocina húmedo y dejar reposar a temperatura ambiente durante aproximadamente 1 hora.

3. Mientras tanto, lave y limpie las cebolletas y córtelas en rollos finos.

4. Amasar bien la masa nuevamente sobre una superficie de trabajo enharinada con los rollitos de cebolleta y aproximadamente 2 cucharadas de aceite de oliva. Luego divídelo en 8 piezas. Extienda en pequeños panes planos con un rodillo y cepille con el resto del aceite. Ase a la parrilla caliente por ambos lados durante aprox. 10-15 minutos mientras gira.

43. Pan gratinado

ingredientes
- 3 uds. Tomates de cóctel
- 8 uds. Alcaparras (del frasco)
- 70 g de mozzarella
- 1 PC. Pan pita
- 80 g de pimientos pimentón brunch
- 4 loncha (s) de jamón de Parma
- Pimienta (recién molida) **preparación**

1. Lava los tomates. Cortar los tomates, las alcaparras y la mozzarella en rodajas.
2. Unte el brunch sobre el pan. Cubrir uno tras otro con tomates, alcaparras y mozzarella. Gratine por aprox. 5 minutos bajo la parrilla

caliente del horno. Cubra con jamón y espolvoree con pimienta.

44. Panes con salmón ahumado

ingredientes

Para la propagación
- 100 g de queso crema
- 1 ½ cucharada de rábano picante del frasco
- 1 pizca de caldo de verduras granulado
- 1 pizca de pimentón en polvo
- 50 g de nata montada batida
- sal
- pimienta
- 4 rebanadas de pan integral
- 4 rebanadas más grandes de salmón ahumado
- 1 guindilla roja

- 2 cucharadas de semillas de girasol
- 1 cucharada de perejil picado

Pasos de preparación

1. Mezclar el queso crema con el rábano picante, el caldo y el pimentón hasta que quede suave. Incorporar la nata y condimentar con sal y pimienta.
2. Unte la pasta para untar sobre el pan y cubra con salmón. Lavar los chiles, quitarles las semillas, cortarlos en aros y mezclar con las semillas de girasol y el perejil. Adorne el pan con él y sirva inmediatamente.

45. Sándwich de cochinillo

Ingredientes para
- cochinillo (precocido),
- pan de molde,
- hojas de canónigos,
- cebollas,
- pepinos
- Tomates,
- salsa BBQ

Preparación
1. El cochinillo congelado se descongela lentamente en el frigorífico el día anterior a la parrilla. La lechuga de cordero, el pepino y los tomates se lavan y se preparan para la cobertura del sándwich. La cebolla se corta en aros.

Interrogatorio intenso
1. La parrilla (u horno) se calienta primero a 120 ° C de calor indirecto. La carne se coloca en un plato ignífugo lleno de agua con un inserto para que la grasa gotee en el agua. La carne se fríe de esta manera durante unos 60 minutos. Para darle a la corteza un acabado perfecto, se aumenta la temperatura a aprox. 200 ° C después de 60 minutos. Ahora es importante que obtenga suficiente calor

superior para la corteza. También puede colocar la carne con la corteza hacia abajo directamente sobre el fuego si es necesario. Después de unos 15 minutos, la corteza debería estar lista. Pero aquí, por favor, actúe de acuerdo con sus sentimientos para que la corteza no se queme, ¡sería una pena! Las rebanadas de pan se tuestan brevemente por ambos lados a fuego directo.

CERDO A LA PARRILLA

46. Filete de cerdo a la plancha

ingredientes

- 1 filete de cerdo (aprox. 500 g)
- 2 ramitas de romero
- 2 ramitas de tomillo
- 1 cucharadita de pimienta (triturada)
- Sal marina (gruesa)

preparación

1. Para el filete de cerdo a la parrilla, primero sazone el filete de cerdo con sal y pimienta, agregue el romero y el tomillo y ate la carne 5-6 veces con una cuerda.
2. Ase por todos lados durante aproximadamente 1-2 minutos, en la zona indirecta déjelo reposar durante aproximadamente 10 minutos. Cortar el filete de cerdo a la plancha y servir.

47. Cuello de cerdo a la plancha

ingredientes

- Carne de cuello de cerdo entera (u otra carne de cerdo jugosa)
- 3 dientes de ajo
- 1 pieza (3 cm) de jengibre
- Pimienta recién molida
- cilantro
- 1 cucharada de azúcar morena
- 2 cucharadas de salsa de ostras

- 2 cucharadas de salsa de soja ligera

Para la salsa de acompañamiento:
- 2 cebolletas
- 1 guindilla roja
- 1 cucharada de salsa de pescado
- 1 cucharada de salsa de soja ligera
- Jugo de lima **preparación**

1. Para la marinada, pique el ajo y el jengibre muy finamente. Mezclar el azúcar con las dos salsas de soja y disolver en ellas. Agregue el ajo y el jengibre y mezcle bien con las especias. Rocíe la carne con la marinada y déjela reposar durante al menos 1 hora. Dar la vuelta a la carne varias veces y rociar con la marinada.

2. Mientras tanto, para la salsa, corta a la mitad la guindilla, quita el corazón y corta en aros finos. Pica finamente también las cebolletas. Mezclar ambos con salsa de pescado y salsa de soja. Sazone al gusto con un poco de jugo de lima. Ahora coloque la carne marinada en una rejilla y cocine a la parrilla sobre carbón al rojo vivo o en una parrilla para mantenerla jugosa por dentro.

Retirar del grill, trinchar y servir con la salsa preparada.

48. Costillas en adobo de cerveza

ingredientes

- 2500 g de costillas de cerdo

Para el adobo:

- 5 dientes de ajo (finamente picados)
- 1 cebolla (finamente picada)

- 250 ml de cerveza negra
- 1 cucharada de vinagre
- 3 cucharadas de aceite vegetal
- 2 cucharadas de sirope de arce
- 125 ml de salsa Worcestershire
- 2 cucharadas de harissa
- sal
- Pimienta (recién molida) **preparación**

3. Poner todos los ingredientes para la marinada en una cacerola y llevar a ebullición. Luego déjelo enfriar.
4. Remoje las costillas en la marinada en el refrigerador durante la noche.
5. Sacar de la nevera media hora antes de usar al día siguiente.
6. Escurre las costillas y asa las costillas por todos lados durante unos 10-15 minutos.

49. Costillitas con salsa de chile y miel

ingredientes
- 1000 g de costillas de cerdo (cerdo)
- 50 g de salsa de tomate
- 50 ml de jugo de manzana
- 30 g de miel
- 3-4 dientes de ajo (pelados)
- 2 chiles
- 1 hoja de laurel
- 1 cucharadita de pimienta (triturada)
- 1 cucharadita de pimentón en polvo (ahumado)

- 1 cucharadita de salsa de soja

preparación
1. Para las costillas con adobo de miel y chile, primero hierva todos los ingredientes para el adobo y luego déjelo enfriar. Unte toda la carne y déjela reposar durante la noche, preferiblemente tapada.
2. Dorar las costillas por ambos lados en la parrilla a fuego directo. Luego termine de cocinar en la zona indirecta durante unos 1520 minutos. De vez en cuando, unte las costillas con miel y salsa picante y déles la vuelta.

50. Costillas en adobo de cerveza

ingredientes
- 2500 g de costillas de cerdo ☐ Para el adobo:
- 5 dientes de ajo (finamente picados)
- 1 cebolla (finamente picada)
- 250 ml de cerveza negra
- 1 cucharada de vinagre
- 3 cucharadas de aceite vegetal
- 2 cucharadas de sirope de arce
- 125 ml de salsa Worcestershire

- 2 cucharadas de harissa
- sal
- Pimienta (recién molida)

preparación
1. Poner todos los ingredientes para la marinada en una cacerola y llevar a ebullición. Luego déjelo enfriar.
2. Remoje las costillas en la marinada en el refrigerador durante la noche.
3. Al día siguiente, sacar del frigorífico media hora antes de usar.
4. Escurre las costillas y asa las costillas por todos lados durante unos 10-15 minutos.

51. Cevapcici

ingredientes

- 1 kg de carne picada (mixta: aprox.100 g de cordero, 200 g de ternera, 700 g de cerdo)
- 1 cucharadita de azucar
- 1 cucharadita de refresco
- 1/2 cucharadita de pimienta
- 1 cucharadita de sal
- 2 cucharadas de aceite
- Cebollas (al gusto) **preparación**

1. Para la cevapcici, poner en un bol todos los ingredientes menos las cebollas, amasar bien y dejar reposar unos 15 minutos.
2. Luego dale forma a cevapcici y colócalo en una bandeja para hornear. (Dado que la carne picada es lo suficientemente aceitosa, ya no es necesario engrasar la bandeja para hornear). Cubra la bandeja con papel de aluminio y fría durante unos 20 minutos a fuego medio.
3. Mientras tanto, corta las cebollas en trozos pequeños. Luego sirva las cebollas crudas con la cevapcici.

52. Costillitas con mantequilla de maní

ingredientes
- 1 kg de costillas de cerdo ☐ Escabeche:
- 1 1/2 cucharada de mantequilla de maní
- 2 cucharadas de tomates (preferiblemente en trozos de la lata)
- 2 cucharadas de sirope de arce
- 2 cucharadas de Tabasco (rojo)
- sal

preparación

1. Para las costillas con mantequilla de maní, primero prepara la marinada. Luego, mezcla todos los ingredientes para esto.
2. Separe las costillas de cerdo de la piel plateada, córtelas en porciones más pequeñas y masajee bien la marinada en la carne.
3. Déjelo reposar durante una hora, preferiblemente durante la noche.
4. Asa las costillas de cerdo a aprox. 140 ° C durante al menos 1,5 horas.

53. Costillas de cerdo a la caribeña

ingredientes
- 2 costillas de cerdo
- 50 ml de aceite de cacahuete
- 100 ml de leche de coco
- 3 cucharadas de jugo de piña
- 1/2 cucharadita de jengibre
- 1/2 cucharada de pasta de curry (verde)
- 1/2 barra (s) de hierba de limón
- sal

- pimienta
- Miel (para glasear)
- 1 puñado de albahaca **preparación**

1. Para las costillas caribeñas, enjuague la carne y séquela.
2. Mezcle una marinada de aceite de maní, leche de coco, hierba de limón, jugo de piña, pasta de curry verde, albahaca y jengibre.
3. Coloque las costillas en la marinada y déjelas reposar durante unas horas, preferiblemente durante la noche.
4. Luego retire demasiada marinada de las costillas. Sal y pimienta.
5. Las costillas de cerdo al estilo caribeño se ponen a la parrilla y se cocinan unos 5-7 minutos. Siempre date la vuelta.

54. Pan gratinado

ingredientes
- 3 uds. Tomates de cóctel
- 8 uds. Alcaparras (del frasco)
- 70 g de mozzarella
- 1 PC. Pan pita
- 80 g de pimientos pimentón brunch
- 4 loncha (s) de jamón de Parma
- Pimienta (recién molida)

preparación

3. Lava los tomates. Cortar los tomates, las alcaparras y la mozzarella en rodajas.
4. Unte el brunch sobre el pan. Cubrir uno tras otro con tomates, alcaparras y mozzarella.

Gratine por aprox. 5 minutos bajo la parrilla caliente del horno. Cubra con jamón y espolvoree con pimienta.

55. Chuletas a la barbacoa de cerdos de corral

ingredientes
- 2 chuletas de cerdo (cortadas de 2 cm de grosor, de cerdos de corral)
- aceite de oliva
- Pimienta (coloreada, molida gruesa)
- sal

preparación
1. Frote las chuletas con la mezcla de pimienta molida gruesa, sal y aceite de oliva. Deje macerar durante aproximadamente 1-2 horas.

2. Si deja marinar la carne por más tiempo, métala en el frigorífico y sáquela de nuevo a su debido tiempo. La carne debe estar siempre a temperatura ambiente para asar.
3. Precalienta bien la parrilla y asa las chuletas durante unos 3-4 minutos por ambos lados, dependiendo de su grosor. Las chuletas a la parrilla deben pasar, pero no demasiado secas.

56. Chuleta a la parrilla

ingredientes
- 2 chuletas de cerdo
- aceite de oliva
- tomillo
- hisopo
- orégano
- estragón
- 2 dedos de ajo
- sal

preparación
1. Primero, ponga aceite de oliva en un tazón de sopa (el fondo debe cubrirse adecuadamente). Agregue las hierbas (secas)

finamente frotadas. Mezclar bien la sal y los dientes de ajo machacados con el aceite.

2. Coloque la carne lavada y escurrida en la mezcla de aceite, tire unas cuantas veces y dé vuelta. Es mejor taparlo en el refrigerador durante la noche. Coloque en una taza para parrilla lavable y cocine a la parrilla.

57. Rollitos de solomillo de cerdo picante

ingredientes

Para los rollitos de lomo de cerdo:

- 1 kg de pulmón de cerdo asado
- 2 cucharadas de mostaza
- 200 g de panceta de cerdo
- 1 taza de queso crema a base de hierbas
- 1 puñado de palillos de dientes

Para la mezcla de especias:

- 1 cucharada de pimentón en polvo
- 1 cucharada de cilantro en polvo
- 1 cucharada de albahaca (seca)
- 1 cucharada de ajo en polvo

- 1 cucharada de cebolla en polvo
- 1 cucharada de orégano (seco)
- 1 cucharada de romero (seco)
- 1 cucharada de sal
- 1 cucharadita de chile en polvo

preparación

1. Para los rollitos de asado de pulmón de cerdo, corte el asado de pulmón en rodajas gruesas, luego bata finamente con una cabeza de escalope y unte con mostaza.
2. Cubrir con panceta de cerdo y cubrir con queso crema de hierbas, convertir en un panecillo y fijar con un palillo de dientes.
3. Mezclar bien las especias en un bol y darle la vuelta a los panecillos. Colocar en la parrilla caliente durante unos 5 minutos o freír en una sartén.

58. Medallones de cerdo adobados

ingredientes
- 6 medallones de cerdo
- 1 cucharadita de sopa en polvo
- un poco de sal, pimienta y ajo en polvo
- 3-4 cucharadas de aceite de colza

preparación
1. Mezcle aceite de colza con sopa en polvo, sal, pimienta y ajo en polvo para los medallones de cerdo marinados.
2. Ahora sumerge los medallones de cerdo en la marinada por ambos lados y vierte el resto sobre la carne.
3. Deje que la marinada se remoje durante al menos 2 horas.

4. Llevar la carne a temperatura ambiente y freírla en una sartén con un poco de aceite.
5. Reducir el fuego y desglasar con cuidado con un chorrito de agua. Se sirven los medallones de cerdo adobados.

59. Codillo de cerdo a la plancha

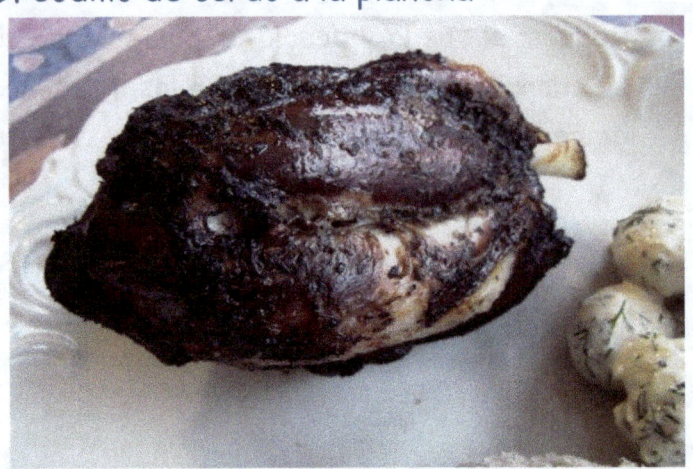

ingredientes

- 2 nudillos de cerdo
- 3 piezas de dientes de ajo ☐ 1 pizca de romero (picado)
- 0.5 cucharaditas de pimienta (gruesa)
- 0.5 cucharaditas de pimentón en polvo
- 0,5 cucharaditas de sal
- petróleo
- 6 cucharadas de vino tinto
- 3 cucharadas de crema batida (al gusto)
- Cerveza de malta **preparación**
1. Para el codillo de cerdo a la plancha, corta los dientes de ajo en palitos y úsalos sobre la

carne. Mezclar las especias con el aceite y el vino tinto.

2. Regar los zancos y dejar reposar 3 horas con la tapa cerrada. Coloque en la parrilla caliente y cocine a la parrilla durante 1 hora.

3. Dar la vuelta al otro lado y untar con la marinada o rociar con cerveza de malta. Completar el caldo de carne con nata montada.

60. Costillas de cerdo con salsa seca

ingredientes
- 3 costillas de cerdo (aproximadamente 800-900 g cada una)
- Dry Rub (ver el video de la receta)
- sal
- pimienta **preparación**

1. Primero retire la membrana. Frote la carne con el aderezo y déjela reposar durante 30 minutos a temperatura ambiente.
2. Sal y pimienta, luego coloca el lado del hueso sobre el ahumador preparado: calienta 110130 ° C, con madera de haya.

3. Fuma durante 5 horas, no pongas la carne demasiado cerca del fuego, cambia de posición más a menudo en el medio.
4. Luego déjelo reposar durante 10 minutos.
5. Sirve las costillas de cerdo.

MARISCOS Y PESCADOS

61. Rollito de salmón relleno a la parrilla

ingredientes

- 600 g de filete de salmón
- Sal marina
- 100 g de jamón (secado al aire)
- 150 g de queso de oveja
- Pimienta (fresca del molino)

preparación

1. Para el rollo de salmón relleno de la parrilla, deje que el equipo de ventas de NORDSEE corte un filete de salmón fresco, prácticamente deshuesado, en aprox.

Lonchas de 1 cm de grosor y 15 cm de largo (similares a los rollitos de ternera).

2. Coloque 1-2 rebanadas de jamón secas al aire sobre cada rebanada de salmón y esparza el queso crema encima.
3. Enrolle los filetes de salmón y fíjelos con un palillo o átelos con hilo de algodón.
4. Sazone el exterior de los rollitos de salmón con un poco de sal marina y pimienta recién molida.
5. Asa los rollitos de salmón rellenos sobre papel de aluminio durante unos 18 minutos a fuego no demasiado alto. Gire con cuidado el rollo de salmón relleno de la parrilla unas cuantas veces.

62. Atún en barra

ingredientes

- 4 piezas de atún (aprox.120 g cada una)
- 100 g de gramos
- sal
- Pimienta (del molino)
- 4 cucharadas de aceite de sésamo
- 2 cucharadas de semillas de sésamo (tostadas)
- 50 g de perejil (picado)
- 100 g de cebolletas (finamente picadas)
- 4 brochetas de madera (regadas)

preparación

1. Para el atún en palito, primero salar el atún, colocarlo en una brocheta de madera regada y untar con aceite de sésamo.
2. Picar los gramos y tostarlos en una sartén. Agregue las cebolletas y ase brevemente. Añada la pimienta, las semillas de sésamo tostadas y el perejil.
3. Limpiar la parrilla precalentada.
4. Asa rápidamente el atún en el palito alrededor de cada lado, colócalo brevemente en la rejilla para calentar, espolvorea con la mezcla de la copa y déjalo reposar brevemente.
5. Rocíe el atún en un palito con un poco de aceite de sésamo y sirva.
6. MÉTODO DE GRILL: caliente por todas partes, pero solo brevemente
7. TIEMPO DE GRILL: aprox. 2 minutos a aprox. 200 ° C, luego dejar reposar brevemente

63. sardinas a la plancha

ingredientes

- 1 kg de sardinas pequeñas (o anchoas)
- Harina
- Rodajas de limón para decorar ☐ Para el adobo:
- 1/2 manojo de perejil
- 2 dientes de ajo
- 4 cucharadas de aceite de oliva
- Jugo de medio limón
- sal
- Pimienta (recién molida) **preparación**
1. Cortar las sardinas por la panza y quitar las entrañas. Enjuague con agua fría y seque con cuidado.

2. Para el adobo, arrancar las hojas de perejil de los tallos, pelar y picar finamente los dientes de ajo. Mezcle todos los ingredientes en un tazón grande. Introducir el pescado y dejar macerar durante 1 hora aproximadamente.
3. Retirar las sardinas del adobo y espolvorearlas ligeramente con harina. Ase a la parrilla durante unos 3 minutos por cada lado. Las sardinas a la plancha con rodajas de limón y un plato de pan blanco recién hecho.

64. Besugo a la plancha

ingredientes
- 4 pedazos de mar brema
- 2 piezas de limón
- 3 cucharadas de tomillo
- 4 cucharadas de mar sal
- 200 ml de aceite de oliva
- 4 cucharadas de pimienta de limón
- Condimento para barbacoa

preparación
1. Mezclar los ingredientes en un adobo para el besugo a la plancha y marinar el besugo durante al menos 30 minutos. Luego coloque el pescado en la parrilla y sazone con una especia BBQ mientras asa.

2. Asa el pescado hasta que la piel esté crujiente. Plato el besugo a la plancha y sírvase.

65. Gambas a la plancha

ingredientes
- 16 langostinos (sin cáscara)
- 2 calabacines (medianos)
- 4 cucharadas de aceite
- 1 cucharadita de sal
- 1 cucharadita de jugo de limón

preparación
1. Coloque las colas de cangrejo con las rodajas. calabacines alternativamente en 4 brochetas de madera engrasadas. Rocíe con aceite y espolvoree con sal. Ase bajo la parrilla caliente durante 5 a 8 minutos, rocíe con el jugo de un limón.
2. Traer a la mesa con vino blanco y pan blanco.
3. 20 minutos.
4. Consejo: los calabacines son un tipo de calabaza y, por lo tanto, son bajos en calorías, ricos en vitaminas y fáciles de digerir: ¡lo ideal para una dieta ligera!

66. Langostinos a la plancha sobre verduras al

wok

ingredientes

Para las gambas:
- 500 g de gambas (rojas)
- 1 cucharada de aceite de maní
- 2 cucharadas de ajo
- 2 cucharaditas de jengibre (recién picado)
- 4 cebolletas
- 100 g de pimentón (rojo y verde) *Para la salsa:*
- 200 ml de pechugas de pollo
- 2 cucharadas de vino de arroz Shaoxing (o vino blanco)
- 3 cucharadas de salsa de soja

2 cucharadas de Paradeismark

1 cucharada de maicena **preparación**

1. Calentar el wok vigorosamente y luego agregar el aceite de maní. Freír el ajo y el jengibre. Agrega los pimientos picados y las cebolletas. Asar todos los ingredientes nuevamente. Vierta la salsa previamente mezclada sobre las verduras. Cortar las gambas por la mitad y quitarles los intestinos. Sazone con sal y pimienta y fría con la carne hacia arriba. Por último, disponer las verduras y colocar encima las gambas fritas.

67. Brochetas de marisco a la plancha

ingredientes *Para las brochetas*
- 1 calabacín
- 200 g de filete de salmón listo para cocinar, sin piel
- 200 g de filete de lucioperca listo para cocinar, con piel
- 200 g de camarones listos para cocinar, pelados y desvenados
- 2 limas sin tratar
- 1 cucharadita de granos de pimienta roja
- ½ cucharadita de granos de pimienta negra
- sal marina
- 4 cucharadas de aceite de oliva
- Para el chapuzón
  500 g yogur natural
- pimienta del molino
- azúcar

Pasos de preparación
2. Lavar y limpiar el calabacín y cortar en rodajas de 1 cm de grosor. Lave el pescado, séquelo y córtelo en cubos del tamaño de un bocado. Lava las gambas. Enjuague las limas con agua caliente, frote la cáscara de una lima y exprima el jugo. Corta la lima restante

☐
☐

en rodajas. Triturar los granos de pimienta en un mortero y mezclar con una pizca generosa de sal, el aceite y la mitad del jugo de lima. Colocar los dados de pescado alternativamente con las rodajas de calabacín y las gambas en brochetas de kebab y cubrir con la marinada de lima. Déjelo reposar durante 30 minutos.

3. Para el dip, mezclar el yogur con el resto del jugo de lima, mezclar con sal, pimienta y una pizca de azúcar, rellenar en tazones y decorar con la ralladura de lima. Coloque las brochetas junto con las rodajas de lima en una parrilla caliente y cocine a la parrilla durante 8-10 minutos, dándoles la vuelta de vez en cuando. Sirve con la salsa.

4.

68. Brocheta de pescado con salsa tarator

ingredientes

- 700 g de filete de pescado firme (espada o atún)
- 1 limón (jugo)
- aceite de oliva
- Pimentón en polvo (dulce noble)
- Sal marina (del molino)
- Pimienta (del molino)
- Hojas de laurel (frescas) *Para la salsa:*
- 100 g de nueces (peladas)

3 dientes de ajo

2 rebanada (s) de pan blanco (sin corteza)

- 150 ml de aceite de oliva
- 1 limón (jugo)

- Sal marina (del molino)
- Pimienta (del molino) **preparación**

1. Cortar el filete de pescado en aprox. Cubitos de 2 cm de grosor y marinar con zumo de limón, aceite de oliva, pimentón en polvo, sal marina y pimienta durante aprox. 1 hora. Luego pegue los trozos de pescado alternativamente con una hoja de laurel cada uno en una brocheta de metal grande o en varias pequeñas. Ase sobre carbón si es posible, de lo contrario freír en una sartén de teflón. Mezclar todos los ingredientes en una batidora para hacer una salsa homogénea para la salsa. Acomoda las brochetas fritas, sirve la salsa por separado.

69. Salmón alpino a la plancha

ingredientes
- Salmón alpino
- aceite de oliva
- Especias (de tu elección)
- Hierbas (de tu elección) **preparación**

1. Para el salmón alpino, lave bien el pescado listo para cocinar y séquelo.
2. Unte el pescado con aceite de oliva y frote el interior y el exterior con las especias que elija. Pon las hierbas de tu preferencia en la panza del pescado.
3. Coloque el pescado en la parrilla y cocine a la parrilla durante unos 7 minutos.

70. Feta mediterráneo en papel de aluminio

ingredientes
- 1 diente (s) de ajo
- 2 cucharadas de crema vegetal Rama Culinesse
- 1 pieza de chalote
- 1 cucharada de piñones
- 6 ramitas de tomillo (alternativamente 1 cucharadita de tomillo seco)
- 5 uds. Aceitunas (sin hueso)
- 1 cucharadita de alcaparras
- 4 piezas de filetes de anchoa
- 20 g de tomates (secados al sol)
- 6 tomates cherry
- 2 piezas de queso feta (150 g cada una)

preparación

1. Pelar y cortar finamente la chalota y el ajo. Ase los piñones en una sartén sin grasa, a fuego medio hasta que se doren. Picar en trozos grandes el tomillo, las aceitunas, las alcaparras, las anchoas, los piñones y los tomates deshidratados y mezclar con las chalotas, el ajo y la crema de verduras.
2. Lave y corte los tomates cherry en rodajas. Extienda dos trozos de papel de aluminio y coloque un queso feta en cada uno, extienda las rodajas de tomate y la crema de verduras rama encima. Doble el papel de aluminio en paquetes y colóquelo en la parrilla durante unos 15 minutos.

RECETAS DE CARNE

71. Filete Porterhouse elaborado con humo de whisky

Ingredientes
- bistec de solomillo
- sal
- pimienta de whisky

Preparación

1. Saque el bife de la nevera aprox. 1 hora antes de asar a la parrilla para que alcance la temperatura ambiente. La cáscara grasa se raspa con un cuchillo afilado. 30 minutos antes de asar a la parrilla, el bistec se sala generosamente por ambos lados.

Interrogatorio intenso

1. La parrilla se ajusta a una temperatura de 120 ° C. El bistec se asa a la parrilla indirectamente a una temperatura central de 50 ° C en el primer paso. Luego, se fuma discretamente con trozos de whisky.

2. El segundo paso es darle una costra al bistec. Para hacer esto, la parrilla se calienta a una temperatura alta (> 250 ° C). El bistec se asa a la parrilla directamente por ambos lados durante unos 3 minutos. Por supuesto, el bistec también se puede asar a la parrilla en la zona de chisporroteo, en un plato fundido o en una sartén.
3. El bistec debería tener ahora una temperatura interna de aprox. 54 ° C (medio raro). Simplemente deje el bistec a la parrilla por más tiempo en la primera fase si lo desea más. A continuación, el filete porterhouse se quita del hueso y se corta en rodajas, se sazona con un poco de sal y pimienta de whisky, ¡listo!

72. Cevapcici en pan plano

Ingredientes
- 1 kg de carne picada (mezcla de ternera / cordero o ternera / cerdo)
- 1 cebolla grande
- 3 dientes de ajo a
- poco de perejil fresco
- 1 cucharada de aceite de oliva
- 1 cucharada de sal
- 3 cucharaditas de pimentón en polvo
- 3 cucharaditas de pimienta finamente molida
- Pan plano
- ensalada
- ajvar
- pimientos picantes

Preparación
1. La cebolla se ralla finamente (no se pica), se presionan los dientes de ajo y el perejil se pica finamente. La carne picada se mezcla bien con la cebolla, el ajo, el perejil y los demás ingredientes para distribuir uniformemente las especias.
2. Ahora forma cevapcici del grosor del pulgar, de unos 7 cm de largo. Aquí es adecuado el uso del Cevapomaker, con el que puede formar siete Cevapcici en un solo curso.

Interrogatorio intenso
1. La parrilla está preparada para asar directamente a fuego medio. Los cevapcici se colocan en la parrilla caliente, se les da vuelta 3 - 4 minutos y se asan a la parrilla por el otro lado. Luego se saca la cevapcici de la parrilla y preparamos las tortas. El pan plano se cubre con ensalada y se colocan de 6 a 7 cevapcici encima. Extienda 2 - 3 cucharadas de sopa entreabierta encima y coloque dos pimientos encima.

73. Steakburger deluxe

Ingredientes
- 1 filete de solomillo (aprox. 1 kg)
- Sal marina, gruesa
- Panes de hamburguesa
- 4 cucharadas de mayonesa
- romero fresco
- Rábanos en escabeche

Para las cebollas balsámicas:
- 2 cebollas
- 2 cucharadas de aceite
- 5 cucharadas de vinagre balsámico
- 1 cucharada de azúcar morena
- 1 cucharadita de pimentón en polvo

- sal pimienta

Preparación

1. El bistec se espolvorea con sal por ambos lados 30 minutos antes de asarlo a la parrilla. Mezclar una mayonesa de romero con la mayonesa, el romero fresco (1 cucharadita picado) y una pizca de pimienta.

Interrogatorio intenso

2. La parrilla está preparada para asar directa e indirectamente. El bistec se asa primero a la parrilla por ambos lados durante 3 minutos cada uno a fuego alto y directo. Tan pronto como le hemos dado a la carne una buena costra, se mueve hacia el lado indirecto, donde la tiramos hasta el grado deseado de cocción.

3. Mientras tanto, se preparan las cebollas balsámicas. El aceite se calienta en una sartén, luego se agregan las cebollas. Las cebollas se sazonan con pimienta, sal, pimentón en polvo y azúcar. Tan pronto como las cebollas se vuelvan translúcidas, vierte el vinagre balsámico en la sartén y continúa friendo a fuego lento hasta que las cebollas hayan absorbido el vinagre balsámico.

4. Una vez que la carne ha alcanzado su temperatura objetivo, estaba a 55 º C en el centro: se corta en rodajas y se salpimenta y sala. Finalmente, se recubre la mitad inferior del panecillo con la mayonesa de romero, la carne, las

cebollas balsámicas y las rodajas.los rábanos se colocan encima, ¡listo!

74. Hamburguesa de ternera desmenuzada

Ingredientes
- Carne desmenuzada
- Bollos de hamburguesa
- Mermelada de tocino y ciruela
- BBQ Sauce, aquí: BBQ King BBQ Sauce (a base de ciruelas)
- ciruelas

Preparación
1. Primero esparce 2-3 cucharadas de mermelada en la mitad inferior del panecillo. Se coloca encima una buena porción (aprox. 100 - 120 g) de carne desmenuzada. La

cobertura de la hamburguesa consiste en un poco de salsa BBQ y 2-3 rebanadas finas rodajas de ciruela.

75. Carne de res desmenuzada del ahumador

Ingredientes

☐ 2 kg de cuello de ternera (al menos 2 kg - ilos trozos más pequeños pueden secarse!)

Preparación

1. El cuello de ternera se sazona por todos lados con el roce y se sella al vacío durante 12-24 horas o se envuelve en una película adhesiva y se coloca en el refrigerador. *Interrogatorio intenso*
2. La parrilla / ahumador se ajusta a una temperatura de 100 - 120 ° C ("baja y lenta").

El cuello se coloca en la zona indirecta, se conecta al termómetro y luego se fuma discretamente con la tapa cerrada. La carne desmenuzada está lista a una temperatura central de entre 87 y 90 ° C, dependiendo de lo tierna que se sienta.

76. Filete de flan en adobo teriyaki

Ingredientes
- 1 filete de falda (aprox.700 g)
- adobo teriyaki
- 2 cucharadas de semillas de sésamo a
- poco aceite de oliva
- sal pimienta

Preparación
1. Primero, se mezclan los ingredientes para la marinada. Luego pones la carne en una forma adecuada y le agregas el adobo. El bistec se deja marinar en el frigorífico durante unas dos horas, volteando después de una hora. No tires la marinada después de quitar el bistec, aún lo necesitarás mientras cocinas a la parrilla. Las semillas de sésamo se tuestan brevemente en una sartén que ha sido ligeramente untada con aceite de oliva. *Interrogatorio intenso*
2. La parrilla está ajustada a 250 - 300 ° C para asar directamente. El bistec se asa a la parrilla directamente por ambos lados durante 2 minutos cada uno. Antes de cocinar el filete de falda en la zona indirecta a aprox. 100 - 120 ° C, se vuelve a sumergir en el adobo. La carne se saca de la parrilla a una temperatura central de 56 ° C y se deja reposar un poco antes de cortarla en rodajas a lo largo del grano. Finalmente, se espolvorea el bife de falda con las semillas de sésamo tostadas, se sazona con sal y pimienta si es necesario.

77. Filete Porterhouse de la tabla de whisky

Ingredientes
- 1 filete de solomillo (aprox. 900 g)
- Mar sal, gruesa

Preparación
1. Saque el bife de la nevera aprox. 1 hora antes de asar a la parrilla para que alcance la temperatura ambiente. Se raspa la corteza grasa. 30 minutos antes de asar a la parrilla, el bistec se sala generosamente por ambos lados.

Interrogatorio intenso

2. La parrilla está preparada para asar indirectamente a aprox. 110 - 120 ° C. Las tablas de whisky se colocan en la zona indirecta y se "calientan" durante unos 10 minutos. En cuanto los tablones empiecen a

humear y desprendan olor, coloque el bistec sobre los tablones (nota: coloque el bistec en el interior del tablón, ya que este lado estaba en contacto con el whisky). Cuando la temperatura central sea de unos 40 º C, voltee el filete para que el otro lado también adquiera el sabor de la plancha. A 52 º C se saca el filete de la plancha y se asa durante 2 minutos por ambos lados a una temperatura> 250 º C para obtener una agradable corteza. El filete se corta en rodajas y se sala ligeramente.

78. Bife de lomo con pan de ajo

Ingredientes
- 500 g de lomo (aquí: de Scotch Beef & Scotch Lamb)
- chimichurri
- ½ baguette
- aceite de oliva, ajo, sal y pimienta
- un poco de ensalada fresca

Preparación
1. Saque el bistec del refrigerador aproximadamente una hora antes de asarlo a la parrilla para que pueda alcanzar la temperatura ambiente. Se corta la capa de grasa y se frota la carne con sal marina gruesa por ambos lados.

Interrogatorio intenso

2. La parrilla se prepara para asar directamente a la parrilla a fuego alto y el bistec se asa a la parrilla utilizando el conocido método 90/90/90/90. Para este propósito, se utilizó la zona de chisporroteo del LE3 y luego se sacó la carne en la parrilla a poco menos de 150 ° C hasta una temperatura central de aprox. 54 ° C. Mientras tanto, el aceite de oliva se mezcla con un poco de sal, pimienta y dos dientes de ajo prensados y se extiende sobre la baguette cortada. El pan se asa brevemente a la parrilla y luego se distribuye sobre la ensalada. Finalmente, agrégale un poco de chimichurri. El bistec estaba muy jugoso y tenía buen sabor. La sal y la pimienta apoyan perfectamente el sensacional sabor de la carne.

79. T-Bone A La Parrilla Inversa

Ingredientes
- 1 chuletón (aprox. 1 kg, al menos 4 cm de grosor)
- sal

Preparación
1. Saque el bife de la nevera aprox. 1 hora antes de asar a la parrilla para que alcance la temperatura ambiente. Se raspa la corteza grasa. 30 minutos antes de asar a la parrilla, el bistec se sala generosamente por ambos lados.

Interrogatorio intenso

2. La parrilla o ahumador se pone a una temperatura de 100 ° C.En el primer paso, el

chuletón se asa indirectamente hasta una temperatura interna de 50 ° C. El filete se ahuma discretamente con leña de nogal u otra madera de tu elección.

3. El segundo paso es darle una costra al bistec. Para hacer esto, calienta la parrilla con rejilla de hierro fundido (para marcar) a una temperatura alta (> 250 ° C). El bistec se asa a la parrilla directamente por ambos lados durante unos 3 minutos. Por supuesto, el bistec también se puede asar a la parrilla en la zona de chisporroteo, en un plato fundido o en una sartén.

4. El bistec debería tener ahora una temperatura interna de aprox. 54 ° C (medio raro). Simplemente deje el bistec a la parrilla por más tiempo en la primera fase si lo desea más. Luego, el porterhouse se libera del hueso y se corta en rodajas, se sazona con sal y pimienta, ¡listo!

80. Costillas de res del humo de nogal

Ingredientes
- Costillas de res
- Frote de Costillas de Res
- Salsa BBQ

Preparación
1. Primero se quita la piel plateada de las costillas de ternera. Para hacer esto, pasa un cuchillo debajo de uno de los huesos y levanta la piel plateada. Entonces se puede deducir, probablemente más difícil que con

las costillas de cerdo. Luego, las costillas de ternera se frotan con el roce por ambos lados. La mezcla debe usarse con moderación porque el sabor de la carne debe dominar naturalmente. Envuelto en film transparente, las costillas ahora deben reposar en el refrigerador durante aproximadamente 1224 horas.

Interrogatorio intenso

2. La parrilla / ahumador se pone a un calor indirecto de 100 - 120 ° C. Las costillas se colocan en la parrilla con el hueso hacia abajo. Las primeras cuatro horas se ahúman con madera de nogal. Luego, las costillas se envuelven en papel de aluminio y se untan generosamente con salsa BBQ. Se aumenta la temperatura a 140 ° C. Por lo que se asan indirectamente durante otras dos horas. Las costillas de res están listas después de un total de seis horas. El resto de la salsa se esparce por la superficie.

SALSAS DE BARBACOA

81. Salsa de tomate picante

ingredientes
- 550 g de tomates frescos
- 2 cebollas
- 3 dientes de ajo
- 3 guindillas
- 100 g de albahaca fresca
- 2 cucharadas de aceite de oliva
- 2 cucharadas de pasta de tomate
- 100 ml de vinagre de vino blanco
- 4 cucharadas de azúcar
- 4 cucharadas de vinagre balsámico
- Pimienta sal

preparación
1. Lava los tomates. Pela y corta las cebollas por la mitad. Pela los ajos. Lavar los chiles y

quitarles las semillas. Lavar y picar la albahaca.

2. Precaliente la parrilla a 200 ° C. Coloque los tomates (enteros), las guindillas, las cebollas y el ajo en una fuente para hornear. Con la tapa cerrada, ase en la parrilla a fuego indirecto a 200 ° C durante unos 30 minutos.

3. Calentar el aceite de oliva en una cacerola, tostar la pasta de tomate y desglasar con vinagre de vino blanco. Retire los tomates, la guindilla, la cebolla y el ajo de la parrilla y agregue a la cacerola. Licue con la albahaca fresca hasta obtener una masa uniforme (agregue un poco de agua si no hay suficiente líquido). Cocine a fuego lento la salsa de tomate picante durante 10 minutos y reduzca.

4. Agrega el azúcar a la salsa de tomate pieza a pieza. Además, sazone con pimienta y sal y una cucharada con vinagre balsámico.

5. Deje enfriar la salsa de tomate picante y luego llénela en botellas.

82. Receta de mantequilla Café de Paris

ingredientes
- 125 g de mantequilla blanda
- 1 cucharadita de pasta de anchoas
- 1 cucharadita de eneldo
- 1 cucharadita de tomillo
- 1 cucharadita de estragón
- 1 cucharadita de mejorana
- 1 cucharadita de perejil de hoja plana
- 1 cucharadita de mostaza de Dijon
- 2 cl de coñac
- 1 diente de ajo
- 1 cucharadita de pimentón dulce en polvo
- sal
- pimienta

Paso a paso
1. Primero debe sacar la mantequilla del refrigerador si aún no tiene mantequilla ablandada a mano. La mantequilla debe ablandarse un rato a temperatura ambiente.
2. Ahora pique todas las hierbas frescas muy finamente.
3. Mezclar bien la mantequilla con las hierbas en un bol y amasar.
4. Agrega la pasta de anchoas, el coñac, el diente de ajo finamente picado y el pimentón en polvo. Amasar bien de nuevo.
5. La mantequilla Café de Paris se condimenta con sal y pimienta en el último paso.

83. Receta de chutney de tomate

ingredientes
- 1 cebolla morada
- 1 guindilla verde
- 5 tomates maduros
- 220 ml de agua
- 1 cucharada de aceite de girasol
- 1 cucharadita de azucar
- 1 cucharadita de hojuelas de chile
- Sal (según gusto)
- 1/2 cucharadita de cúrcuma
- 1 hoja de laurel seca
- 1/2 cucharadita de curry Madrás

Preparación

1. Primero pelamos la cebolla y la picamos finamente junto con la guindilla. Si no te gusta tan picante, quita las semillas de la guindilla
2. Retire el tallo de los tomates y raspe levemente la piel en forma de cruz. Luego ponga los tomates en un bol, agregue agua hirviendo y deje reposar los tomates durante 2-3 minutos. Luego, puede pelar la piel de los tomates de manera maravillosa y fácil.
3. Luego use un rallador de verduras para procesar los tomates pelados en un puré de frutas fino.
4. Ahora pon un poco de aceite en una sartén y sofríe los trozos de cebolla hasta que estén transparentes. Luego agregue los chiles y fría por otros 1-2 minutos. Agregue hojuelas de chile, cúrcuma, una hoja de laurel triturada y el curry Madrás y reduzca el fuego.
5. Tan pronto como las especias estén tostadas, agregue el puré de tomate, aprox. 220 ml de agua y el azúcar. Deje que todo hierva a fuego lento durante unos 15-20 minutos y revuelva nuevamente hasta que el agua se

haya evaporado y la salsa picante tenga una buena consistencia.
6. Finalmente, agregue sal al gusto y rellene la salsa picante de tomate en frascos de vidrio.

84. Salsa de Mostaza Carolina

ingredientes
- 300 g de mostaza medio picante
- 110 g de miel
- 80 g de vinagre de sidra de manzana
- 8 cucharadas de salsa de tomate ☐ 30 g de azúcar morena compacta
- 50 g de salsa Worcester
- 4 cucharaditas de tabasco chipotle

Preparación
1. Primero, mezcle el azúcar morena empaquetada con el vinagre de sidra de manzana y la salsa Worcester para disolver el azúcar. De lo contrario, habrá grumos.
2. Luego viene la miel, revuélvela bien para que se disuelva.
3. Ahora agrega la mostaza, el tomate ketchup y el chipotle de Tabasco. Siente lentamente Tabasco si eres un poco sensible a la nitidez. Mezclar todo bien hasta obtener una salsa agradable y dejar reposar en el frigorífico durante 2 horas.

85. Yogur de limón y menta

ingredientes

- 500 ml de yogur turco
- 1/2 cucharadita de ralladura de un limón sin tratar
- 1-2 cucharadas de jugo de limón
- 4-5 tallos de hojas de perejil
- 3 tallos de menta fresca
- 2 cucharaditas de vinagre de vino blanco
- sal

☐ pimienta **preparación**

1. El yogur de limón y menta se prepara muy rápido. Primero, ponga el yogur turco en un bol. Agregue 1/2 cucharadita de ralladura de un limón sin tratar y 1-2 cucharadas de su jugo.

2. A continuación, arranca las hojas y los tallos finos de la menta y el perejil y pica muy finamente con la ayuda del cuchillo de picar. Luego agregue las hierbas al yogur.
3. Finalmente, agregue un poco de vinagre de vino blanco y sazone todo con sal y pimienta al gusto. Luego métrelo en la nevera y déjalo reposar durante unos 45 minutos.

86. Receta de salsa picante de ruibarbo

ingredientes
- 300 g de palitos de ruibarbo
- 1/2 guindilla
- 1 cebolla morada
- 1 pimiento rojo pequeño
- 1 manzana (no muy ácida)
- 330 g de azúcar en conserva
- 30 ml de vino tinto (seco)
- 1/2 cucharadita de jengibre rallado
- 1 cucharadita de ralladura de lima sin tratar
- 60 ml de vinagre balsámico oscuro
- 1 cucharadita de semillas de mostaza gruesas
- 1 cucharadita de sal
- 1/2 cucharadita de pimienta de cayena
Preparación

1. La preparación del chutney es muy sencilla y rápida. Primero lavar, pelar y cortar el ruibarbo en cubos finos. Pela y pica finamente la cebolla morada también.
2. Retire el corazón del pimentón y la guindilla, pele y descorazone la manzana. Luego córtelo en trozos finos.
3. Ahora ponga todo junto en una cacerola y agregue todos los demás ingredientes excepto el azúcar de conservación. Descansa completamente durante 60 minutos y lo atraviesa bien.
4. Pasado el tiempo de marinado, se pone una olla de fundición a la parrilla y se vierte el chutney. La infusión ahora debe hervir lentamente y hervir a fuego lento durante unos buenos 30 minutos hasta que el ruibarbo y todo lo demás esté agradable, suave y desintegrado. El azúcar de conservación se agrega poco antes del final del tiempo de cocción.
5. Tan pronto como todo esté bien cocido, la salsa picante aún caliente se sella inmediatamente en el frasco. Luego deja enfriar los frascos y mételos en el frigorífico.

87. Receta de salsa holandesa

ingredientes
- 200 g de mantequilla
- 4 yemas de huevo
- 2 cucharadas de vinagre de vino blanco ◻ 1 cucharadita de jugo de limón.
- pimienta blanca
- sal

preparación
1. Derrita la mantequilla en una cacerola a fuego moderado, teniendo cuidado de no dorarla. Retire la cacerola del fuego y deje que la mantequilla derretida se enfríe hasta

que esté tibia. Quite la espuma si es necesario.

2. Batir las yemas de huevo y 1 cucharada de agua en un tazón, preferiblemente con una batidora o batidora de mano. Agregue vinagre de vino blanco mientras revuelve. Luego bata en un baño de agua caliente (alrededor de 70 grados Celsius) para formar una crema espesa. Retirar del baño María y seguir batiendo durante un minuto.

3. Agregue la mantequilla líquida gota a gota, luego en un chorro fino a la crema mientras revuelve constantemente. Condimente con sal, pimienta y jugo de limón.

88. Receta de guacamole

ingredientes
- 3 aguacates
- 1 lima
- 1 tomate aromático grande
- 1 cebolla morada pequeña
- Hierba de cilantro
- 1 guindilla / jalapeño
- sal
- Opcional: 1 diente de ajo

Paso a paso
1. Lavar o pelar los tomates, las cebollas, el chile / jalapeño y, si es necesario, el ajo, picar finamente y colocar en un bol

2. Corta los aguacates por la mitad y quita el hueso, esto funciona mejor si golpeas ligeramente el lado afilado de un cuchillo de cocina en el centro, el cuchillo debe atascarse. Luego, gire el cuchillo ligeramente en el sentido de las agujas del reloj para aflojar el núcleo y sacarlo. Saque la pulpa con una cuchara y colóquela en un segundo bol.
3. Exprime la lima y vierte el jugo sobre los aguacates.
4. Haz puré los aguacates con una batidora de mano o un tenedor.
5. Pica el cilantro en trozos grandes y mézclalo con la mezcla de aguacate.
6. Mezcle todos los demás ingredientes finamente picados.
7. Sazone bien con sal

89. Receta de pesto de albahaca

ingredientes
- 50 g de hojas de albahaca (frescas)
- Cubos de hielo
- 2-3 dientes de ajo
- 60 g de parmesano en una pieza
- 40 g de piñones
- ½ cucharadita de sal marina gruesa
- 120 ml de aceite de oliva virgen extra

Paso a paso
1. Coloca los cuchillos del robot de cocina en el frigorífico durante 10 minutos.
2. Arranca las hojas de albahaca de los tallos y lava con agua fría. Luego coloque en un bol con cubitos de hielo.

3. Pelar los dientes de ajo y cortarlos en trozos.
4. Ralla el parmesano.
5. Ponga el cuchillo en el robot de cocina, vierta las hojas de albahaca enfriadas, el ajo, el parmesano rallado y los piñones.
6. Picar los ingredientes en algunos bultos.
7. Agregue sal marina y mezcle durante aproximadamente 1 minuto.
8. Agrega el aceite de oliva y mezcla hasta que el pesto de albahaca esté homogéneo y cremoso.

90. salsa teriyaki

ingredientes
- 1 medio diente de ajo
- 1 trozo pequeño de jengibre
- 1 cucharada de aceite de cocina bueno
- 1 cucharada de aceite de sésamo
- 50 g de azúcar morena
- 150 ml de salsa de soja
- 150 ml de mirin
- 50 ml de sake
- Opcional: semillas de sésamo peladas

Paso a paso
1. Tostar brevemente las semillas de sésamo peladas en una cacerola y dejarlas a un lado.
2. Pele medio diente de ajo y un trozo de jengibre del mismo tamaño.
3. Poner el aceite de cocina y el aceite de sésamo en una cacerola, sofreír el jengibre y el ajo ligeramente.
4. Agrega el azúcar y deja que se derrita sin dejar de remover.
5. Agrega mirin, salsa de soja y sake.
6. Reduzca la salsa a la consistencia deseada a fuego medio. Revuelva regularmente para disolver los trozos de azúcar caramelizada.
7. Agregue las semillas de sésamo hacia el final del tiempo de cocción.

8. Retirar el jengibre y el ajo, dejar enfriar la salsa.

AVES DE CORRAL

91. Pollo a la parrilla

ingredientes
- 1 pollo aprox. 1,2 kilogramos
- sal
- pimienta
- 3 tallos de perejil
- 3 tallos de tomillo
- 1 cebolla
- 4 cucharadas de aceite de colza
- 1 cucharadita de pimentón dulce en polvo

- 2 cucharaditas de pasta de tomate
- ½ cucharadita de tomillo seco
- 50 ml de cerveza oscura

Pasos de preparación

2. Lave el pollo, séquelo y sazone por dentro y por fuera con sal y pimienta. Agite el perejil y el tomillo para secar después del lavado. La cebolla debe pelarse y cortarse en cuartos. Rellena la cavidad abdominal con la cebolla y las hierbas y asegúrala con un palillo.
3. Combine el aceite de colza, el pimentón en polvo, la pasta de tomate y el tomillo en un tazón para mezclar. Unte la mitad de la marinada sobre el pollo y déjelo reposar demasiado durante 30 minutos.
4. Luego, el pollo debe colocarse en una brocheta de parrilla, asegurarse sobre la parrilla y cocinarse durante aproximadamente 1 hora, dándole vueltas con frecuencia. Cepille periódicamente la marinada. 10 minutos antes del final del tiempo de cocción, unte con cerveza.

92. Alitas de pollo a la plancha

ingredientes
- 1 kg de ala de pollo
- 2 dientes de ajo
- 1 ají
- 2 cucharadas de pasta de tomate
- 1 cucharada de miel
- 1 cucharadita de mostaza picante
- 1 cucharada de vinagre balsámico
- 2 cucharadas de jugo de limón
- 1 cucharada de hierbas recién picadas, tomillo y romero
- 4 cucharadas de aceite de oliva
- sal

Pasos de preparación
1. Lave las alitas de pollo y séquelas. Pelar y picar finamente los dientes de ajo.
2. Lavar, limpiar y picar finamente el ají. Mezcle ajo, pasta de tomate, miel, mostaza, vinagre balsámico, jugo de limón, hierbas y aceite y sazone con sal.
3. Extienda las alas sobre la rejilla de la parrilla y úntelas con la mezcla de especias. Ase durante unos 20 minutos, dando vueltas de vez en cuando y volviendo a cepillar la pasta.

93. Brochetas de pollo yakitori a la plancha

ingredientes
- 500 g de pollo tirado en muslos de pollo
- 2 cebolletas
- 80 ml de caldo de ave
- 125 ml de salsa de soja
- 20 g de azúcar
- 2 cucharadas de mirin
- brocheta de bambú

Paso de preparación
1. Remoja las brochetas de bambú durante unos minutos en agua. El pollo debe cortarse en cubos de 2 cm. Lave y limpie las cebolletas, luego córtelas en cuatro trozos iguales, blanco y verde claro. Llevar a ebullición el

caldo de pollo, la salsa de soja y el azúcar, luego reducir a fuego lento y dejar hervir a fuego lento durante unos minutos. Se puede añadir mirin al gusto.

2. Brocheta 3 piezas de pollo y 2 piezas de puerro en cada brocheta, luego sumerja en la salsa, deje marinar durante 10 minutos, escurra y cocine a la parrilla durante 7 minutos hasta que se dore. Coloca las brochetas de forma decorativa en platos y sírvelas.

94. Pechuga de pollo a la plancha con espinacas

ingredientes
- 4 filetes de pechuga de pollo
- sal
- pimienta del molino
- 2 dientes de ajo
- 1 ají
- 1 cucharada de semillas de sésamo
- 5 cucharadas de aceite
- 150 g de espinacas

Pasos de preparación
1. Sazone los filetes de pechuga de pollo con sal y pimienta después de untarlos con aceite. Haga girar las espinacas después de lavarlas, limpiarlas y clasificarlas.

2. El ajo debe pelarse y picarse. Lave el ají, luego córtelo a lo largo para quitarle las semillas y la piel blanca interna antes de cortarlo en cubitos muy finos.
3. Ase los filetes de pechuga de pollo durante 4 a 5 minutos por cada lado en una parrilla caliente. En una sartén aparte, caliente el aceite restante, fría el ajo, el chile y las semillas de sésamo hasta que estén fragantes, agregue las espinacas, mezcle brevemente y sazone con sal.
4. Para servir, coloque las espinacas en platos con el ajo, el chile y las semillas de sésamo, y cubra con la pechuga de pollo a la parrilla.

95. Pechuga de pollo al ajonjolí

ingredientes
- 30 g de sésamo pelado (3 cucharadas)
- 720 g de filete de pechuga de pollo (4 filetes de pechuga de pollo)
- 3 g de jengibre (1 pieza)
- 1 ají rojo
- 1 lima orgánica
- 4 cucharadas de salsa de soja
- 2 cucharaditas de miel
- 1 cucharada de aceite de colza
- 3 cucharadas de salsa de ostras

Pasos de preparación
1. En una sartén, tuesta las semillas de sésamo hasta que estén doradas. Disponer en un plato.
2. Los filetes de pechuga de pollo deben lavarse y secarse con papel de cocina.
3. Pelar y picar finamente el jengibre. El chile debe cortarse por la mitad a lo largo, sin corazón y picado finamente.
4. Lave la lima en agua caliente, séquela y ralle finamente la mitad de la cáscara. La lima debe cortarse por la mitad y exprimirse.
5. Combine el jengibre, el chile, la ralladura de lima, la salsa de soja, la miel, el aceite y la salsa de ostras en un tazón para mezclar.

6. Deje que la sartén de la parrilla se caliente. Unte los filetes de pechuga de pollo con la salsa de chile y miel, luego colóquelos en la sartén y cocine a la parrilla durante 12 minutos, volteando y untando con la salsa varias veces.
7. Se deben espolvorear semillas de sésamo sobre los filetes de pechuga de pollo y se debe rociar jugo de limón al gusto.

96. Rollitos de jamón feta a la plancha

ingredientes
- 300 g de queso feta
- 5 ramas de tomillo
- 120 g de jamón de pavo secado al aire en lonchas

Pasos de preparación

1. Corta el queso feta en palitos del grosor de un dedo. Lavar el tomillo, sacudir para secar, quitar las hojas de las ramitas y espolvorear con palitos de queso feta.
2. Envolver los bolígrafos en jamón y freírlos en una parrilla hasta un total de aprox. 5 minutos hasta que esté ligeramente dorado.

97. Sándwiches de pollo a la parrilla

ingredientes
- 4 filetes de pechuga de pollo aprox. 100 g cada uno

- sal
- pimienta
- 1 cucharada de aceite vegetal
- 1 huevo
- 2 cucharadas de parmesano
- 2 cucharadas de mantequilla
- 8 rebanadas de rebanada de sándwich
- 8 rebanadas de tocino de desayuno
- 2 cucharadas de pesto rosso
- 150 g de queso (en rodajas)
- 4 lonchas de jamón cocido

Pasos de preparación

1. Precaliente el horno a la función grill.
2. Enjuague las pechugas de pollo, séquelas, sazone con sal, pimienta y fría en aceite caliente en una sartén por ambos lados durante 2-3 minutos hasta que estén doradas. Deje hervir a fuego lento durante 3-4 minutos a fuego suave. Luego córtelo en trozos pequeños.
3. Batir el huevo con el parmesano. Pasar las rodajas de sándwich por el huevo y freír en una sartén en mantequilla caliente hasta que estén doradas por ambos lados.
4. Freír el tocino en una sartén sin aceite hasta que se dore. Unte una fina capa de pesto

sobre 4 rebanadas de pan. Luego cubra con el queso, el jamón, el tocino y la pechuga de pollo. Cubra las rebanadas de pan restantes y hornee doradas y crujientes debajo de la parrilla caliente hasta que el queso se derrita.
5. Sirva a la mitad si lo desea.

98. Filete de pollo a la plancha con guacamole

ingredientes
- 4 filetes de pechuga de pollo
- sal
- pimienta recién molida
- 2 aguacates maduros
- 3 tomates maduros
- 1 cebolla morada
- 2 cucharadas de jugo de limón

- 1 cucharadita de pimienta de cayena
- aceite de oliva virgen extra
- Empanadas de tortilla producto terminado, ad libitum
- cáscara de limón o rodajas de naranja

Pasos de preparación
1. Pelar y cortar por la mitad los aguacates, quitar el hueso y cortar la pulpa en cubos pequeños. Lavar y cortar los tomates en dados. Pelar y cortar la cebolla en dados. Mezclar la pulpa de aguacate con los tomates y la cebolla. Agregue 2 cucharadas de aceite, jugo de limón, sal y pimienta de cayena.
2. Seque los filetes de pechuga de pollo y sazone con sal y pimienta. Cepille con un poco de aceite, luego colóquelo en el carbón caliente o parrilla de mesa y cocine a la parrilla durante 3-4 minutos por cada lado. Cortar los filetes de pechuga en rodajas y disponer en platos con el guacamole. Las rodajas de limón o naranja y las tortillas calientes son suficientes.

99. Brochetas de plátano y pollo a la plancha

ingredientes
- 800 g de filete de pechuga de pollo
- 4 cucharadas de salsa de soja
- 4 cucharadas de aceite de sésamo
- 1 cucharadita de cúrcuma
- 1 cucharadita de tomillo seco
- pimienta del molino
- 2 plátanos
- 2 cebollas rojas
- sal

Pasos de preparación
1. Remoje las brochetas de madera (4 pequeñas u 8 grandes) durante unos 30 minutos.
2. Mientras tanto, lave las pechugas de pollo, séquelas y córtelas en cubos del tamaño de

un bocado. Mezclar la salsa de soja con el aceite, la cúrcuma, el tomillo y la pimienta y marinar los cubos de pollo en la nevera durante unas 2 horas.

3. Pelar los plátanos y cortarlos en rodajas de aprox. 1 cm de espesor. Pelar las cebollas y cortarlas en trozos grandes. Coloque los cubos de carne, los plátanos y los trozos de cebolla alternativamente en las brochetas y áselos a la parrilla caliente durante 8-10 minutos, dándoles la vuelta de vez en cuando. Finalmente, sazone con sal y sirva.

100. Rollo de pavo asado a la parrilla

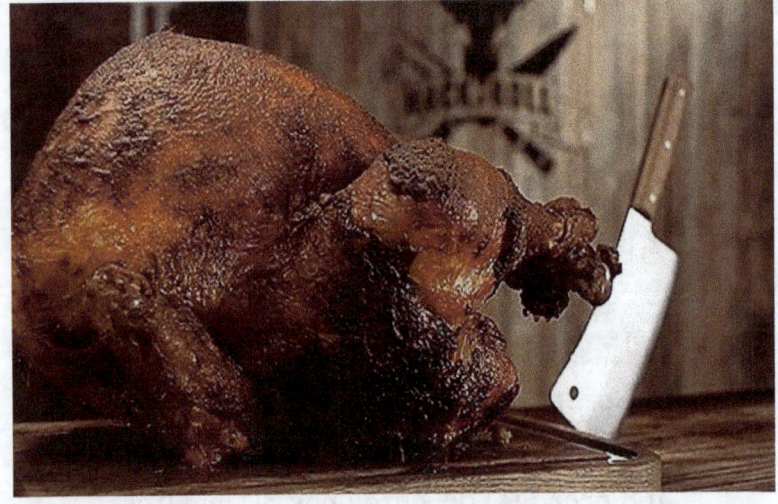

ingredientes
- 1 kg de rollo de pavo asado terminado

- sal
- pimienta
- 2 cucharadas de pasta de tomate
- 1 cucharada de mostaza
- 2 cucharadas de aceite de oliva
- 2 dientes de ajo
- 1 cucharadita de pimentón en polvo

Pasos de preparación

1. Lave el rollo de pavo, séquelo y sazone con sal y pimienta. Coloque un asador y asegúrelo con los soportes.
2. Mezcle la pasta de tomate, la mostaza, el aceite y el pimentón en una marinada. Pelar y picar el ajo y añadirlo a la marinada. Cepille los rollitos de pavo con la marinada.
3. Ase en el grill rotatorio precalentado a fuego medio durante 60 minutos hasta que se doren, untando con la marinada una y otra vez. Retire el pavo asado del asador y córtelo en rodajas.

CONCLUSIÓN

Finalmente, vale la pena recordar los pasos.

- Preste atención a la calidad de la carne.
- Mantén todo limpio. Si tiene niños además de mascotas, manténgalos alejados del fuego.
- Si es posible, manténgase cerca de la parrilla, ya sea solo usted o la persona responsable de asar la carne. De esta forma, tendrás un mejor control sobre tu brager y podrás preparar un delicioso asado.
- Después de la barbacoa, mantenga todos los utensilios y combustible fuera del alcance de los niños.
- Si la barbacoa es de tipo portátil o improvisada, tomar todas las medidas que no supongan un riesgo para las personas, especialmente niños y ancianos.
- Respetando todas estas precauciones adaptadas a tu realidad, tu barbacoa siempre será la más comentada entre tus amigos y familiares. La barbacoa no solo debe ser deliciosa, sino también segura y hecha para que todos estén siempre felices y satisfechos.

www.ingramcontent.com/pod-product-compliance
Lightning Source LLC
Chambersburg PA
CBHW050022130526
44590CB00042B/1725